BIBLIOGRAPHIE
COMPIÉGNOISE

Extrait du *Bulletin de la Société historique de Compiègne*, t. II.

Tiré à 140 exemplaires.
100 papier vélin.
20 papier vergé
20 papier de couleur.

N°

BIBLIOGRAPHIE
COMPIÉGNOISE

PAR

A. DE MARSY

SECRÉTAIRE DE LA SOCIÉTÉ HISTORIQUE DE COMPIÈGNE,
CORRESPONDANT DU MINISTÈRE DE L'INSTRUCTION PUBLIQUE,
DE LA SOCIÉTÉ DES ANTIQUAIRES DE FRANCE,
ETC., ETC.

COMPIÈGNE
IMPRIMERIE ET LITHOGRAPHIE DE V. EDLER
RUE DE LA CORNE-DE-CERF
—
1874

BIBLIOGRAPHIE
COMPIÉGNOISE

INTRODUCTION

Il n'est plus nécessaire de démontrer aujourd'hui l'utilité de la bibliographie comme auxiliaire des études historiques. Il est indispensable, en effet, de connaître les sources qui peuvent fournir des renseignements sur un fait historique, sur un monument ou une juridiction. Nous croyons que l'un des premiers besoins auxquels devait satisfaire la Société historique, est la publication d'un inventaire de tous les travaux relatifs à l'histoire de la ville de Compiègne et à ses institutions. Aussi dès 1868, avons-nous proposé à la Société d'inscrire ce travail à son ordre du jour. (1)

Le siècle dernier a vu paraître déjà de nombreux travaux bibliographiques, en tête desquels nous devons citer la *Bibliothèque historique de la France*, du père Lelong, revue par Fevret de Fontette, qui reste le modèle des ouvrages de ce genre, et qu'on consulte encore journellement avec fruit. Le *Manuel du Libraire* de Brunet, que de nombreuses éditions ont permis de tenir au courant du mouvement des études

---

(1) Séance du 24 nov. Nous avons publié alors en une brochure de huit pages, le plan et l'introduction de notre bibliographie (*Arras, imp. Rousseau-Leroy.*)

historiques, renferme une table bibliographique, que l'universalité des matières qu'elle embrasse rend malheureusement trop incomplète pour les recherches spéciales qui nous occupent. Enfin, le *Catalogue de la Bibliothèque impériale*, dont la partie publiée sur l'histoire de France comprend dix volumes, peut être à cause de la richesse de ce dépôt, considéré, malgré ses lacunes, comme une véritable bibliographie de la France.

Autour de nous, plusieurs érudits se sont aussi efforcés de tracer un sillon dans cette voie dont nous ne nous dissimulons pas l'aridité. M. Ch. Dufour, ancien président de la Société des Antiquaires de Picardie, a commencé, en 1850, la publication d'une *Bibliographie picarde ;* mais, absorbé par la tâche qu'il avait entreprise de doter d'un Musée sa ville natale, il a, au bout de deux fascicules, qui ne comprennent que la Picardie en général et Abbeville, abandonné cette publication (1). Depuis, en 1866 et 1868, un de nos correspondants, M. Périn, a publié, sous le titre de *Recherches bibliographiques sur le département de l'Aisne*, deux volumes qu'un troisième doit suivre prochainement (2) Enfin, le comité archéologique de Noyon a accueilli favorablement ma proposition de publier un catalogue des ouvrages imprimés relatifs à la ville de Noyon (3).

Quant au plan à suivre dans la rédaction de notre bibliographie, si nous examinons les deux modèles que nous avons sous les yeux, les travaux de MM. Dufour et Périn, nous voyons que M. Dufour a multiplié les divisions, séparant en chapitres courts et d'un examen facile les divers travaux qu'il indique, tandis que M. Périn donne pour chaque com-

---

(1) Dans les *Mémoires de la Société des Antiquaires de Picardie*. t. x et xiv.
(2) *Paris, imp. Lainé et Havard.* In-8°
(3) Ce travail paraîtra prochainement dans les *Bulletins du comité archéologique de Noyon*.

mune, par ordre chronologique d'impression, l'indication de toutes les publications. M. Dufour signale les diverses éditions d'un même livre, parle quelquefois de leur destinée, désigne les auteurs anonymes, fait enfin l'histoire de chaque livre, de chaque brochure ; M. Périn ne donne que le titre de l'ouvrage, sans commentaire. Nous croyons préférable et plus facile pour les recherches d'adopter le plan suivi par M. Dufour, en y introduisant quelques modifications nécessitées par des différences locales.

Mais l'ouvrage de M. Périn renferme, d'un autre côté, des indications négligées par M. Dufour et qu'il nous semble avantageux de mettre en œuvre ; ce sont les articles et les mémoires non tirés à part et qui figurent dans des collections scientifiques et des revues périodiques. Nous comptons reprendre tous ces travaux et les signaler avec la même attention que les ouvrages séparés. Ce sont, en effet, ces pages peu répandues, égarées dans des recueils souvent peu ou mal connus, qu'il est le plus difficile de rencontrer et qui échappent aux recherches des érudits qui étudient l'histoire locale. En effet, qui songerait à aller chercher des études sur Compiègne, dans les *Bulletins de la Société de géographie*, dans les *Mémoires de l'Académie des sciences*, et dans tant d'autres collections périodiques qui, par leur titre, semblent étrangères à la matière qui nous intéresse. Nous ne croyons pas toutefois devoir étendre outre mesure cette nomenclature et comprendre dans la bibliographie compiégnoise, les chartes, lettres-patentes, édits, arrêts et lois relatifs au pays et qui n'ayant pas fait l'objet d'une publication spéciale, sont seulement insérés dans des collections telles que les *Ordonnances des rois de France*, les *Historiens de France*, le *Gallia christiana*, les *Miscellanées* de Baluze, etc. Nous ne méconnaissons pas l'utilité qu'il y a à faire connaître l'existence de semblables documents, et à éviter, en indiquant les ouvrages où ils sont imprimés, de longues recherches dans les archives ; mais nous croyons que le catalogue de ces pièces se trouverait beaucoup mieux placé dans une publication spéciale, calquée sur le plan de la *Table des Diplômes* de Bréquigny, ou du *Regeste génevois* publié par la Société d'histoire de Genève, et qui comprend tous les actes *imprimés* relatifs à cette ville. Mélangés avec des volumes et des brochures, ces renseignements y jettent de la confusion. Il en est de même des articles biographiques et des généalogies de peu d'étendue qui sont insérés dans des ouvrages tels que l'*Histoire généalogique* du Père Anselme, le *Dictionnaire* de Moréri, les *Registres* de d'Hozier, le *Nobiliaire* d'Haudicquer de Blancourt, etc., etc.

Pour être complète, une bibliographie compiégnoise devrait comprendre la liste des manuscrits utiles à consulter pour l'histoire du pays, mais ce travail a déjà été fait par notre confrère, M. Cocheris, pour les documents, chartes et ouvrages manuscrits qui se trouvent dans les dépôts publics de Paris (archives et bibliothèques) ; l'*Inventaire des archives de Compiègne*, dressé par M. Henri de l'Épinois, nous fournira, lorsqu'il sera imprimé, l'état des richesses conservées dans notre ville (1) ; il en sera de même de celui des *Archives départementales de l'Oise* commencé par M. Desjardins et que continue notre confrère M. A. Rendu.

Quant aux manuscrits possédés par des particuliers, il y a de trop nombreuses difficultés pour que l'on puisse songer à en dresser un inventaire général, si l'on remarque surtout que trop vite et trop souvent ces collections sont dispersées aux enchères, à la mort ou par suite du caprice de leurs propriétaires. Du reste, des notices séparées sur les plus importants de ces manuscrits pourront être imprimées dans nos mémoires et combler cette lacune.

(1) Un sommaire de ce travail a été publié dans la *Bibliothèque de l'École des Chartes*, t. XXIV et XXV.

Maintenant, ce n'est qu'à la suite de longues recherches, quelquefois même par l'effet du hasard, que l'on peut arriver à compléter des travaux du genre de celui que nous avons entrepris. Aussi pour achever cette tâche, avons-nous sollicité le concours de nos confrères, car nous n'aurions pu, sans leur aide, obtenir un résultat qui ne peut toutefois être encore considéré comme définitif.

Plusieurs d'entre eux ont bien voulu nous communiquer les renseignements qu'ils possédaient et les pièces rares de leurs collections, et tout d'abord nous avons à remercier MM. du Lac, de Roucy, Aubrelicque, Méresse, Fourrier, Rendu, etc. (1)

Restreignant aujourd'hui notre travail à la ville seule de Compiègne et à la forêt, nous avons cependant le projet de donner un jour une bibliographie de toutes les communes de l'arrondissement dont nous avons dès à présent réuni en partie les matériaux.

(1) Nous avons puisé aussi de nombreux renseignements dans la *bibliographie des Mazarinades* de Moreau, dans le *Guetteur du Beauvaisis*, et dans la riche collection locale de feu M. de Cayro¹, conservée par M. Ch. Esmangart de Bournonville.

CATALOGUE

I. — Statistique, topographie, voyages (1).

1. — Statistique commerciale, judiciaire et administrative de l'arrondissement de Compiègne, contenant la liste de toutes les administrations civiles, religieuses, judiciaires et militaires.... — Signé LEVACHER. — *Compiègne, chez tous les libraires de l'arrondissement*, 1840, in-18.

2. — GRAVES. — Précis statistique sur le canton de Compiègne. Extrait de l'Annuaire (de l'Oise) de 1850, *S. l. n. d.* — *(Beauvais, Desjardins)*. — In-8, 264 p. et carte.

3. — Description ou abrégé historique de Compiègne avec le guide de la forêt, seconde édition, corrigée et aug-

---

(1) Nous aurions pu grossir encore la liste que nous donnons ici en y faisant entrer des ouvrages relatifs au Valois, au Soissonnais, au Vermandois et plus tard au département de l'Oise. Nous signalerons seulement le Valois Royal de Bergeron, celui de Muldrac ; l'histoire du Valois de Carlier ; les mémoires sur le Vermandois de Colliette, les annales de Noyon de Levasseur, l'histoire de Soissons de Dormay, les dissertations de Lebœuf sur l'étendue du Soissonnais ; l'introduction à l'histoire de Picardie de Dom Grenier; les voyages pittoresques de Née et de Laborde et de Taylor et Nodier ; les nombreux travaux de Graves sur l'archéologie, la géognosie et la botanique du département ; la description de l'Oise de Cambry ; le dictionnaire topographique de Woillez ; les hommes illustres de Brainne ; mais ces ouvrages sont dans toutes les mains et de plus ils ne sont pas spéciaux à la ville de Compiègne ou à son arrondissement.

Nous avons indiqué par les initiales B. N. suivies des lettres et numéros du catalogue de la Bibliothèque Nationale les ouvrages que nous n'avons pu rencontrer dans d'autres collections.

mentée. — M. DCC. LXIX. — In-12, 184 p., *carte gravée par Denis*.

(La première édition avait été publiée en 1765, dit la préface. Elle existe à la B. N. in-12. (*S. l. n. d.*).

4. — DENIS. — Le Conducteur français. Description de la route de Paris à Compiègne. — *Paris*, 1767, in-8, 42 p.

5. — L. DENIS. — Le Conducteur français.... — Route de Compiègne à Saint-Quentin et Cambrai. — *Paris, Ribou*. 1776-1780, in-8.

6. — Le Guide du voyageur ou Itinéraire instructif et amusant, par M. BOITARD, — *Paris, Audot*, 1823, in-18. — Route de Senlis à Cambrai, par Compiègne, Noyon et Saint-Quentin.

7. — Voyage à Compiègne. *Bulletin de la Soc. de géographie de Paris*, 1833.

8. — A. GOZE. — Voyage à Compiègne. — *Archives de Picardie*, 1842, t. II, p. 11 à 18 et 209 à 214. — *Amiens, Duval et Hermant*.

9. — DECAMPS (Alex.) — Voyage en bateau à vapeur de Compiègne à Noyon. — *Revue de l'Oise*, t. II, 1838.

10. — Une Journée en train de plaisir. Compiègne-Pierrefonds. *Compiègne, libr. Ch. Hideux, imp. Vol.* 1852, in-8, 92 p. et pl.

11. — EUGÈNE GUINOT. — Promenade au château de Compiègne et aux ruines de Pierrefonds et de Coucy. — *Paris, Hachette*, 1854, in-16, 64 p. et grav. — Collection des *Guides Cicerone de la bibliothèque des chemins de fer*.

12. — LÉON EWIG. — Compiègne et ses environs, 1836. Un vol. in-8.

A. 2ᵉ édition, 1841. — *Paris, Terzuolo imp.* — *Dubois à Compiègne et Maison à Paris, libraires*, in-8, *avec 12 vues lithographiées et une carte des environs de Compiègne.*

B. 3ᵉ édition, 1860. — *Compiègne, Dubois fils libraire. Valliez imp.*, grand in-8, 322 p. *Vues lithographiées.* —

On ne retrouve pas dans cette édition la carte qui est dans la deuxième

M. Caillette de l'Hervilliers a publié un compte-rendu de cette dernière édition dans le *Progrès de l'Oise*. (Septembre 1861).

13. — LAMBERT DE BALLYHIER. — Compiègne historique et monumental. — *Compiègne, Langlois libraire*, 1842. — Imp. *Escuyer*, 2 vol. grand in-8 *avec planches.*

A. 2ᵉ édition, *Valliez imp.* 1873. — Un vol. in-12, donné en prime aux abonnés du *Progrès de l'Oise.*

14. — Compiègne. — *Archives historiques et ecclésiastiques de la Picardie* par ROGER. t. II, p. 209-221. — *Amiens, Duval*, 1842, grand in-8.

14 bis. — CHARLES BEAURIN. — Compiègne et ses œuvres d'art. *L'Artiste*, 1869.

II. — Histoire de Compiègne. — Ouvrages généraux.

15. — Notice historique sur Compiègne et Pierrefonds, avec gravures. — *Compiègne, Baillet*, 1836, in-8, 84 pages.

A. 1842. — *Compiègne, Dubois*, in-8.

B. 1859. — *Compiègne, J. Dubois fils*, in-8.

16. — JOSEPH LAVALLÉE. — Compiègne, *Histoire des villes de France* sous la direction d'Aristide GUILBERT. — *Paris*, 1845, 6 vol. gr. in-8, t. II, p. 148 à 158.

17. — Z. RENDU. — Ephémérides de Compiègne publiées dans le *Progrès de l'Oise* de 1857.

18. — Emile de Labédollière. — Histoire des environs du nouveau Paris, illustrée par Gustave Doré, 20ᵉ série. *Compiègne*. — *Paris, Barba*, grand in-8, 16 pages, avec grav. sur bois et plan, vers 1860.

19. — Compiègne, sa forêt et ses alentours. — Etudes et souvenirs historiques et archéologiques, suivis de documents relatifs à la vie du B. Simon, comte de Crespy et d'Amiens, par Edm. Caillette de l'Hervilliers. — *Compiègne et Paris*, 1869, grand in-8, 508 et 96 p.

Réunion d'articles publiés dans la Picardie et mentionnés aux divers chapitres qu'ils concernent.

20. — H. de l'Epinois. — Notes extraites des archives communales de Compiègne. *Bibliothèque de l'Ecole des Chartes*, t. xxiv. p. 471 et t. xxv. p. 124-161.

M. de l'Epinois avait été chargé du classement des archives de Compiègne. Il a rédigé un inventaire resté malheureusement encore manuscrit.

21. — Extrait des comptes de la ville de Compiègne de 1398 à 1582, par Ed. Caillette-l'Hervillers. *Bull. Soc. Ant. Pic.* t. iii. p. 248.

III. — Détails de l'histoire locale.

22. — Ed. de l'Hervilliers. — Observations sur l'origine de Compiègne. *La Picardie*, t. xii, 1866, p. 105.

23. — Peigné Delacourt. — Fac-simile de quatre chartes du xiiᵉ siècle (1102, 1110, 1153, 1187), concernant Compiègne, Pierrefonds et Noyon, accompagnés du texte latin avec traduction française. — *Paris, Claye, imp.*, 1864, in-4, 12 p. et pl.

Les chartes concernant Compiègne sont : 1º des lettres de sauvegarde accordées à la commune par Louis VI ; 2º la charte de fondation par Louis VII.

24. — Edm. de l'Hervilliers. — La charte de commune de Compiègne. *La Picardie*, t. xii, 1866, p. 49.

> Cette charte a été également transcrite et traduite par M. Tirlet dans le *Progrès de l'Oise* du 25 janvier 1860. Il en a été fait un tirage à part, in-fol., 1 p.

25. — Cocheris. — Inventaire des documents manuscrits relatifs à la Picardie conservés dans les dépôts publics de Paris. *Mémoires de la Soc. des Antiq. de Picardie*, t. xii, et tirage à part, t. Ier.

26. — Monuments inédits de l'histoire de France, 1400-1600. Mémoires originaux concernant principalement les villes d'Amiens, de Beauvais, de Clermont-Oise, de Compiègne, de Crépy, de Noyon, de Senlis et leurs environs ; publiés pour la première fois, d'après les manuscrits, par Adhelm Bernier. — *Paris, Joubert*, 1835, in-8.

27. — Bon de la Fons-Mélicocq. — Documents inédits sur le siège de Compiègne, en 1430. *La Picardie*, t. iii, 1857, p. 21.

28. — Z. Rendu. — Jeanne Darc et Guillaume de Flavy. — *Compiègne, Delhaye*, 1865, in-8, 32 p. et pl.

29. — G. du Fresne de Beaucourt. — Jeanne d'Arc trahie par Charles VII. — *Le Mans, imp. Monnoyer*, 1867, in-8. Ext. de la *Revue des questions historiques*, janvier 1867.

30. — G. de Beaucourt. — Blanche d'Aurebruche, vicomtesse d'Acy. *Mém. de la Soc. des Antiq. de Picardie*, t. xix.

> Cette étude sur la femme de Guillaume de Flavy renferme de nombreux renseignements sur Compiègne.

31. — Charles Beaurin. — Jeanne d'Arc et Charles VII. — Fragment du n° 14 bis, reproduit dans l'*Echo de l'Oise*, 4 juin 1869. — Un roi funeste de l'histoire de France, suite du précédent, *id.* 11 juin 1869.

32. — Lettre missive d'un gentilhomme à un sien compagnon contenant les causes du mescontentement de la noblesse de France, [de Compiègne le 4ᵉ jour d'août 1567] 1567, in-12, 20 p.
   Bib. de M. du Lac.

33. — Response à une lettre escrite à Compiègne du quatrième jour d'aoûst touchant le mescontentement de la noblesse de France. *S. l.*, 1567, in-12, 14 p. [datée de Thoulouse le 25 août 1567].
   Bibl. de M. du Lac, provient de la collection Coste de Lyon.

34. — Extrait du procès-verbal dressé à Louvres le 25 septembre 1789, par M. de Maissemy, l'un des représentants de la commune et député à Compiègne pour la réception des fusils que le roi a bien voulu donner à la ville de Paris, M. Le Clerc,... chargé d'escorter le convoi d'armes, et M. Lecointre commandant du détachement de la garde nationale de Versailles qui se trouvait le même jour à Louvres pour y recevoir les 1000 fusils dont Sa Majesté a également fait présent à la milice de cette ville. — *Paris, Knapen*, 1789, in-4, pièce.
   B. N. Lb 39, 7848.

35. — Grand départ du roi, pour joindre l'armée du ci-devant prince de Condé, accompagné des anciens gardes du corps et des gendarmes, ayant pris la route de Compiègne, pour aller dans la forêt des Ardennes et passer par le pays de l'empereur, 21 juin 1791. *S. l. n. d.*, in-8, pièce.

36. — Le département de l'Oise pendant la révolution. — Compiègne et Marat, fragment historique, par ALEX. SOREL. *Guetteur du Beauvoisis*, t. II. p. 14 et suiv., 1865.
   Tiré à part, forme sous le même titre une brochure in-8.

37. — A. SOREL. — Notice sur le changement de noms de

la ville de Compiègne, de ses rues et des localités voisines, pendant la période révolutionnaire. *Soc. hist. de Comp.*, t. 1er. p. 232 à 238.

Il existe aussi un tirage à part de ce travail.

38. — EDM. CAILLETTE DE L'HERVILLIERS. — Le major Otenin et Compiègne en 1814, étude d'histoire militaire d'après des documents entièrement inédits, 1866, in-8, 128 p. — *Beauvais, imp. Père,* tiré de l'Annuaire de l'Oise.

On a joué sous ce titre sur le théâtre de Compiègne, le 16 décembre 1869, une pièce en cinq actes de MM. ALLIER et MESNIL. Ce drame, qui n'a pas été imprimé, n'a eu que deux représentations.

39. — Un chapitre inédit de l'histoire de Gargantua. Comment la ville de Compiègne voulut un jour avaler la commune de Margny et ce qui en advint. — *Compiègne, L. Vol,* in-8, 12 p.

Pièce satirique contre une délibération du Conseil municipal de Compiègne tendant à obtenir, à cause de la construction du chemin de fer, la réunion de la commune de Margny à la ville de Compiègne. Signé ALEX. DECAMPS, (vers 1847.)

IV. — Histoire et description du palais et du séjour des souverains (1).

40. — Séjovr royal de Compiègne depvis Clovis premier roy chrestien ivsques à Lovis Diev-donné a present regnant. — *A Paris, chez Siméon Piget,* 1647, in-4, 54 p.

La dédicace au roi est signée de A. CHARPENTIER, avocat à Compiègne.

La ville contribua à l'impression de ce livre (Voir arch. de la ville).

41. — L'illustre Compiègne. Lettre à Madame*** où l'on rap-

(1) Voir au chapitre suivant l'histoire des camps.

porte ce qui s'est passé de considérable sous les règnes de chacun des rois de France et l'ordre de bataille de l'armée du roi commandée par Monseigneur le duc de Bourgogne au camps de Coudun près de cette ville, par M. FLEURY DE FRÉMICOURT. — *Paris, chez Jean Moreau,* 1698, in-12.

> M. Pouy en a donné une nouvelle édition dans la collection dite *Picardie historique et littéraire. Paris, Baur et Detaille libraires,* 1870, et *imp. Rousseau-Leroy, à Arras,* in-12, 89 p.
> A la suite de la réimpression se trouvent en appendice : I. Compiègne sous Louis XV et Louis XVI. II. Napoléon Ier et le Lycée de Compiègne. Origine de l'Ecole des Arts de cette ville. III. Bibliographie relative à Compiègne. Cette liste ne renferme que 25 ouvrages relatifs à notre ville.

42. — Souvenirs historiques des résidences royales de France, par J. VATOUT, premier bibliothécaire du roi, tome septième. Château de Compiègne. — *A Paris, chez Firmin Didot. S. d.,* in-8.

43. — Le Château de Compiègne, souvenirs historiques, son histoire et sa description, par J. VATOUT, de l'Académie Française. — *Paris, Didier,* 1852.

> C'est le même ouvrage que le numéro précédent, auquel on a ajouté un titre pour écouler un certain nombre d'exemplaires de ce volume de la collection des Souvenirs Historiques.

44. — Histoire du Palais de Compiègne. Chronique du séjour des souverains dans ce palais, écrite d'après les ordres de l'Empereur, par J. PELLASSY DE L'OUSLE, bibliothécaire du palais de Compiègne. — *Paris, imp. Imp.,* 1862, in-4, XLI et 371 p., avec nombreuses planches sur acier et sur bois.

45. — Description du château royal de Compiègne, signé FLESCHELLE. — *Compiègne, imp. de J. Escuyer,* 1829, in-8.

45 bis. — Château de Compiègne. Domaine de la Couronne. *Paris, imp. Fain et Thunot,* 1839, in-4, 21 p.

> Ce mémoire historique est destiné à accompagner des plans et vues qui n'ont peut-être pas été gravés.

46. — Notice des peintures placées dans les appartements du palais de Compiègne. — *Paris, Vinchon*, 1841, in-8, 42 p.
A. Autre édition. — *Vinchon*, 1846, 56 p.

> M. du Lac possède un exemplaire de cette édition provenant de la bibliothèque de Louis-Philippe.

47. — Notice sur les peintures et sculptures du palais de Compiègne. Extrait de l'histoire du palais de Compiègne, par M. J. Pellassy de l'Ousle. — *Paris, imp. Imp.*, 1861, in-8, 38 p.

48. — Ernest Cheneau. — L'art dans les résidences impériales. Compiègne. — *Paris, Panckoucke*, 1863, in-8, 54 p.

49. — Peigné Delacourt. — Compte de la chevalerie de Robert d'Artois à Compiègne en juin 1237. *Mém. Soc. des Antiq. de Pic.*, t. xii, tiré à part sous le même titre, avec un fac-simile.

50. — Goethals *(de Bruxelles)*. — Les seigneurs artésiens au tournoi de Compiègne, 1238. *Revue nobiliaire*, 1866, t. iv., p. 97 à 103. Les chevaliers normands au tournoi de Compiègne, même collection, 1867, t. v., p. 97 à 103. Les chevaliers français au tournoi de Compiègne, même volume. p. 408 à 413.

51. — Edouard de Barthélemy. — Le Tournoi de Compiègne. *Le Vermandois*, 1873, in-8. — *Saint-Quentin, lib. Triquenaux-Devienne.*

> Cette publication comprend seulement les noms des chevaliers et leurs armoiries d'après une assez mauvaise copie. Il existe diverses copies de ce manuscrit dans les bibliothèques de Valenciennes, de Bruxelles et de Vienne. Cette dernière est la meilleure et c'est d'après elle que M. le comte O'Kelly est en train d'en donner une nouvelle édition dans le Héraut d'armes. *Bruxelles*, 1873-74.

52. — Orazione di M. Claudio Tolommei, Ambasciator di

Siena : recitata dinanzi ad Henrico II, Christianissimo Re di Francia. — *In Parigi, appresso a C. Stephano,* 1553, in-4, pièce.

B. N. Lb 31, 49.

A. Autre édition italienne. — *Venise. S. d.,* in-8., Arch. de Claudin, N° 13392.

52 bis. — L'Oraison du seigneur Claude Tolommei, ambassadeur de Siene prononcée devant le Roy, à Compiègne, au mois de Décembre, l'an 1552. Traduitte d'Italien en langue Françoyse. — *Paris, C. Estienne,* 1553, in-4, vente Coste, N° 1553.

C'est la traduction française de la pièce précédente.

A. Autre édition ayant pour titre : l'Oraison de *Messire* Claude Tolommei etc. *Même imprimeur et même date.*

Il en existe aussi une traduction latine sous ce titre :

Oratio Claudii Ptholomei, legati Senensis, ad Henricum ejus nominis secundum,... facta, autore Francisco Alesmio. (Dans les « *Vera nobilitatis controversia*, du même).

B. N. Droit public.

53. — Lettre écrite au roi par l'assemblée des Églises de la religion réformée de France et pays souverains, assemblés par permission de Sa Majesté à Loudun; ensemble la harangue faite au roi et prononcée par M. le marquis de la Moussaye, à Compiègne, le 23 octobre 1619. — *Jouxte la copie imp. à Loudun, par de La Barre,* 1619, in-8, pièce.

B. N. Lb 36, 1316.

54. — Le promenoir de la Reyne à Compiègne. *Paris,* 1624, in-32, 33 p. Signé Videl.

Bibl. de M. du Lac. Cet ouvrage allégorique ne concerne Compiègne que par son titre.

55. — Lettre du roi, écrite aux parlements et gouverneurs des provinces, sur son partement de Compiégne, le

23 février 1631. *Paris, S. Cramoisy*, 1631, in-8, pièce.
B. N. Lb 36, 2806.

Même lettre que la précédente. Il y a encore trois éditions : l'une, également de *S. Cramoisy*.

L'autre intitulée : Lettre du Roy aux parlements sur son partement de Compiègne, le 23 février 1631. — *Lyon, J. Jullien*, 1631, in-8.

Et la troisième sous ce titre :

Lettre du Roy, envoyée à MM. les prévôt des marchands et échevins de la ville de Paris, le 23 février 1631, de la ville de Compiègne. — *Paris, P. Rocolet*, 1631, in-8, pièce.
B. N. Lb 36, 2805.

56. — (1) Harangue royale prononcée devant leurs Majestés à Compiègne, par M... — *Paris*, M.DC.XLIX(1649), in-4, 16 p.
Bibl. de l'auteur.

57. — Le premier mercvre de Compiègne depvis l'arrivée dv Roy en ceste Ville, jusques à jeudy 10ᵉ iour du mois de Juin 1649, en vers burlesques. M. D C. XLIX, in-4, 11 p. S. n. n. d.

Il existe deux autres numéros, intitulés second et troisième mercure, l'un de 11 et l'autre de 12 pages.

58. — Le panégyrique royal présenté à leurs Majestés à Compiègne le 24 juillet 1649, par S. D. N. — *Paris, chez Guillaume Sassier*, 1649, in-4, 8 p.

Archives du bibliophile de Claudin, N° 3847. B. de M. Méresse.
Éloge de la reine par Suzanne de Nervèze.

58 bis. — Remontrance dv Berger de la grande montagne faite à la Reine Régente à Compiègne. *A Paris, s. n.* 1649, in-4, 8 p.

Moreau en indique une autre édition sur le titre de laquelle on a ajouté : pour le retour de leurs Majesté à Paris.

---

(1) On aurait pu ajouter à cette liste diverses pièces données à Compiègne par le roi pendant son séjour ; nous nous bornons à renvoyer à ce sujet aux nᵒˢ de Moreau : 929, interdiction du parlement de Bordeaux ; 1905, lettre de cachet à la Cour des comptes ; 2178 ; 2192 ; 3434, rétablissement des cours souveraines.

59. — Lettre d'un religieux de Compiègne écrite à un notable bourgeois sur les assurances d'amitié que leurs Majestez donnent à leur dite ville. — *Paris*, 1649, in-4, 8 p.

<small>Datée du 3 juillet, signée F. D. F. (François Davenne de Fleurance?)</small>

60. — Dialogue de trois paysans picards, Miché, Guillaume et Cherle, sur les affaires de ce temps. M. DC XLIX., 11 p. in-4., S. n. n. l.

<small>Bibl. de M. Méresse.</small>

<small>Moreau indique sous ce titre deux pièces l'une de 11 et l'autre 12 pages, sans spécifier si ce sont deux dialogues différents ou deux éditions du même.</small>

60 bis. — Lettre du bon génie de la ville de Paris à celui de Compiègne sur l'heureux retour du roi. *Paris, Cl. Boudeville*, 1649, in-4, 6. p.

<small>L'auteur joue sur le nom latin de Compiègne et considère cette ville comme l'abrégé de Constantinople (Moreau, n° 2081).</small>

61. — Articles accordés entre messeigneurs les commissaires députés par Sa Majesté, et les sieurs ambassadeurs des treize louables cantons des lignes de Suisse. Arrêtés le dix-neuvième mai 1650 et ratifiés par déclaration du Roi donné, à Compiègne le 10 juin audit an. — *Paris, A. Estienne*, 1650, in-4, pièce.

<small>B. N. Lg 6, 168.</small>

62. — Journal de ce qui s'est passé nouvellement à Paris, à Saint-Denys et à Compiègne, depuis le 13 juillet jusques à présent (15 juillet). 1° la lettre du cardinal Mazarin au cardinal de Rets ; 2° la mort de Mancini, neveu du cardinal Mazarin ; 3° la résolution du Roi au voyage de Bourgogne ; 4° Et l'estat de l'armée de l'archiduc Léopold. — *Paris, L. Hardouin*, 1652, in-4, 8 p.

<small>B. N. Lb 37, 2795.</small>

63. — Harangue faite au Roi à son arrivée en la ville de

Compiègne par le maire de la dite ville, sur le sujet de la paix et de l'éloignement du cardinal Mazarin ; avec la réponse de Sa Majesté (23 août). — *Paris, J. le Gentil*, 1652, in-4, pièce.

B. N. Lb 37, 2980.
Pièce mensongère ainsi que la majeure partie de celles de cette époque (Moreau, n° 1581).

64. — Le gibet de Mazarin dressé dans la ville de Compiègne, par le commandement de MM. les échevins ; avec la lettre de compliment envoyée audit cardinal pour son éloignement de ladite ville. — *Paris, N. Macé*, 1652, in-4, 7 p.

B. N. Lb 37, 2985.

64 bis. — Réponse du roi à la lettre de Son Altesse Royale du 27 août 1652. — *Pontoise, J. Courant*, 1652, in-4, 7 p.

Réponse datée de Compiègne le 29 août. Julien Courant, dit Moreau (N° 2956), en a donné deux autres éditions : Réponse faite par le Roi à S. A. R. et Véritable réponse...

65. — Le quode de MM. de Compiègne présenté au Roi, contre le cardinal Mazarin et ses adhérents ; avec l'affiche affiché dans la ville de Compiègne au premier jour de septembre 1652, contre le cardinal Mazarin. *S. l.*, 1652, in-4. pièce.

B. N. Lb 37, 3020. Cette pièce, dit Moreau (N° 2956) se compose d'une lettre de MM. de Compiègne au roi pour le prier d'agréer le quode, du quode et de l'affiche ; le tout de très peu de valeur, mais rare. Il faut y joindre la pièce suivante :

66. — Second affiche affiché dans la ville de Compiègne, pour courir sur le perturbateur du repos public, le cardinal Mazarin, étant à présent au château de Bouillon, affiché le troisième jour de septembre 1652 ; avec la lettre de Son Eminence écrite à Sa Majesté, de Bouillon, le 2ᵉ jour de septembre 1652. — *Paris*, 1652, in-4, pièce.

B. N. Lb 37, 3023.

67. — Lettre de proverbes d'un messire abbé, voisin de Compiègne, au noble sire Jules Mazarin, cardinal, lui mandant tout ce qui s'est passé en France depuis son départ. — *Paris*, 1652, in-4, 16 p.

    B. N. Lb 36, 3031. Signé L. M. F.

68. — Histoire journalière. — *Compiègne, par l'imprimeur ordinaire du Roi, le 5 de septembre* 1652, in-4, 12 p.

    B. N. Lb 37, 3050. Par Charles ROBINET DE SAINT-JEAN, d'après la *Bibliographie des Mazarinades*. Il en existe trois numéros.

69. — Harangue faite au Roi par monseigneur le cardinal de Retz, en présence de monseigneur le nonce du pape, assisté de MM. du clergé, pour la paix générale, faite à Compiègne, le onzième septembre 1652. — *Paris, A. l'Angevin*, 1652. in-4, pièce.

    Harangue supposée. B. N. Lb 37, 3056. (Moreau, n° 1594).

70. — Réponse faite par le Roi à la dernière lettre de Son Altesse Royale, 12 septembre. — *Compiègne, par J. Courant*, 1652, in-4, 8 p.

    B. N. et M. Méresse. Réimpression du n° 64 bis.

A. Autre édition sans date.

71. — La véritable réponse faite par le Roi à la dernière lettre de Son Altesse Royale, 12 septembre. — *Compiègne, par J. Courant*, 1652, in-4, pièce.

    Même ouvrage que le précédent. B. N.

72. — Lettre de Son Altesse Royale écrite au Roi, [7 septembre], avec la réponse faite par le roi à Son Altesse Royale, 12 septembre. — *Compiègne, par J. Courant*, 1652, in-4, pièce.

    Réimpression des numéros précédents.

73. — La véritable harangue faite au Roi par monseigneur le cardinal de Retz pour luy demander la paix à son retour

à Paris, prononcé à Compiègne le 12 septembre 1652. — *Paris, de l'imprimerie de la veufve J. Guillemot*, 1652, in-4, 8 p.

Bibliothèque de l'auteur.

A. — *S. d., Grenoble, A. Verdier*, in-4, pièce. B. N.

B. — 1652. *Lyon, J. A. Candy*, in-4, pièce. B. N.

C. — La véritable harangue faite au Roy par monseigneur le cardinal de Retz pour luy demander la paix, et son retour à Paris, au nom du clergé et accompagné de tous ses députez. Prononcé à Compiègne le 12 septembre 1652. — *Paris, de l'imprimerie de la veufve I. Gvillemot*, 1652, in-4, 8 p. et à la fin, écusson aux armes d'Orléans.

74. — Discorso alla Maesta del re christianissimo dell'emmentiss sig. cardinal de Retz, accompagnato da tutti deputati del clero, per supplicar essa Maesta della pace e suo ritorno in Parigi. — *In Roma, per I. de Lazari*, 1652, in-4, pièce.

Traduction du précédent. B. N. Lb 37, 3065.

75. — La véritable réponse du Roy, faite à la harangue du cardinal de Retz et messieurs du clergé. — *Compiègne, par Julien Courant*, 1652, in-4., 7 p. [13 septembre].

Bibl. de l'auteur. C'est l'édition officielle, n° 3954 de Moreau.

A. Autre avec titre portant : la véritable response du Roy à la harangue du cardinal, etc. — *Compiègne, J. Courant.*

B. Autre édition. — *Paris, par les imprimeurs et libraires du Roi*, 1652, in-4, pièce.

76. — Très-humble remontrance faite au Roi dans la ville de Compiègne par un janséniste, touchant la paix. — *Paris*, 1652, in-4, pièce.

B. N. Lb 37, 3124.

77. — Discours faisant voir tout ce qui s'est passé devant et après la retraite du C. Mazarin tant à Compiègne qu'aux

Armées de Messieurs les Princes, en forme d'Entretien, entre un Cavalier Frondeur et un Cavalier Mazarin, sur le chemin de Compiègne à Paris. Où se voit l'Histoire de sa mauvaise conduite jusques à présent. — *A Paris*, 1652. S. *n*. in-4, 19 p.
    Bibl. de M. du Lac.

78. — Relation véritable de ce qui s'est passé à Compiègne depuis le premier de ce mois jusques à présent. I. L'Expédition des Députez de Languedoc. II. Les Ordres donnés à M. le Duc de Mercœure, pour tenir les Estats de ladite Province. III. Et les Ordres envoyés au Mareschal de Turenne par Sa Majesté. — *A Paris*, 1652. S. *n*., in-4, 16 p.

79. — Combat donné par les troupes Mazarines à l'Armée de l'Archiduc Léopold, pour l'empêcher de venir à Paris, au secours de Messieurs les Princes, où lesdites troupes Mazarines ont esté défaites par celle de l'Archiduc au deça de Compiègne. — *A Paris, chez Philippe le Fevre*, 1652. *Avec permission de son Altesse Royale*, in-4, 8 p.
    Bibl. de l'auteur.

79 bis. — Ordonnance du roi pour faire arrêter le cardinal de Retz en quelque lieu du royaume qu'il se présente, et défendre de lui donner retraite ni assistance sur les peines y mentionnées, du 14 septembre 1656 à Compiègne, avec l'arrêt du parlement de Toulouse du 6 octobre 1656. — *Toulouse, Jean Boude*, 1656, in-4, 7 p.

80. — Journal historique du premier voyage du Roi Louis XV dans la ville de Compiègne, de l'ouverture du Congrès convoqué à Soissons, du voyage de S. A. S. M. la duchesse depuis Rotthembourg jusqu'à la cour de France... avec un recueil des discours..... dédié au Roy, par le chevalier Daudet, ingénieur géographe ordinaire du Roi et de la Reine. — *Paris, Mesnier*, 1729, in-8, 300 p.
    Ce voyage a été fait en juin 1728, p. 1 à 60.

81. — Edit du Roi, portant que tous les sujets du roi de Pologne dans les Etats de Lorraine, seront réputés naturels français. Donné à Compiègne au mois de juillet 1739.
B. N. Législation.

82. — Le séjour de Louis XV à Compiègne en 1764, d'après un journal manuscrit, par M. A. DEMARSY. *Soc. hist. de Comp.*, t. I, p. 159 à 168.
Il existe de ce travail un tirage à part avec titre spécial.

83. — Lettres patentes du Roi, portant ratification de la convention signée le 16 août 1768, entre le Roi et le Cardinal de Hutten, Prince et Evêque de Spire, pour l'abolition du droit d'Aubaine entre les sujets de Sa Majesté, et ceux de la Principauté et Evêché de Spire. Données à Compiègne le 23 août 1767. — *Paris, P. G. Simon, imp.*, 1769,
Bibl. de M. du Lac.

84. — Livre d'église suivant le bréviaire et le missel de Soissons à l'usage de la cour, pendant le séjour du roi à Compiègne, imprimé par ordre de Monseigneur de Bourdeilles, évêque de Soissons. — *A Compiègne, chez Louis Bertrand, libraire, imprimeur du Roi, de la ville et du collége*. M. DCC. LXIX., in-12, LVI et 398 p.
Ce volume renferme les offices des principales fêtes célébrées dans les églises de Compiègne.

85. — Très-humbles et très-respectueuses remontrances de la cour des aides au roi, sur l'enlèvement de deux des magistrats du parlement de Bretagne mandés à Compiègne, fait dans la cour du château du Roi, au sortir de l'audience que Sa Majesté venait de leur donner, 30 août 1770. Objets de remontrances sur la réponse du Roi du 4 septembre. Du 7 septembre 1770. *S. l. n. d.*, in-12, pièce.
B. N. Lb 30, 1051.

86. — Relation du voyage du roi à Compiègne, de ses revues

à Paris et à Versailles et du voyage du prince royal dans le midi, précédé des actes relatifs à la lieutenance-générale du royaume, etc. Juin 1832. — *Paris, imp. veuve Agasse,* 1832, in-8, 141 p. et portr.

> Le voyage du roi à Compiègne s'étend de la p. 26 à la p. 62. Cette relation est signée du baron LAMBERT, ancien intendant général des armées.

87. — Compiègne et les échos de Berlin. — *Paris, Dentu,* 1861, in-8, 32 p.

88. — D. (PAUL DHORMOYS). — La cour à Compiègne. Confidences d'un valet de chambre. — *Paris, à la librairie du Petit Journal,* 1866, in-12, 303 p.

> Séjour de la cour à Compiègne en 1865. A la suite se trouve le récit des funérailles du roi des Belges, Léopold Ier. Articles publiés dans *l'Évènement*.

V. — Camps.

89. — Notice sur les camps établis dans les environs de Compiègne et spécialement sur celui de 1834. — *Paris,* 1835, t. XVIII, *du Spectateur militaire,* p. 614 à 636.

90. — Relation de ce qui s'est passé au camp de Compiègne en 1698, 28 août, 24 septembre.

> Dans le voyage du roi à Saint-Omer, par A. PIHAN-DELAFOREST, 2e édition, 1827.

91. — Instruction pour les régiments qui doivent camper cette année 1698 à Compiègne, donnée par le directeur général de l'infanterie de Flandres, à chaque régiment. (1)
> B. N. Art Militaire.

---

(1) Il existait à la Bibliothèque du Louvre un manuscrit autographe de Louis XIV contenant les instructions relatives à la tenue du camp de 1698. Ce manuscrit, qui avait été acquis en 1836 à la vente de Monteil, a été détruit dans l'incendie de 1871. Il en existe une copie moderne à la Bibliothèque du palais de Compiègne.

92. — Ordre de bataille de l'armée du roi, commandée par Monseigneur le duc de Bourgogne. — *Paris, Le Pautre, architecte et graveur ordinaire du roi.* S. d., in-fol. planc.
B. N. Recueil Cangé.

93. — Relation du camp près Compiègne. Du nom des officiers-généraux, des régiments et des lieux où ils sont logez aux environs du camp. — *A Senlis, chez Réné Caron,* in-4, 4 p.

94. — A Monseigneur le duc de Bourgogne, sur son départ pour Compiègne où il doit commander le camp. Par Cl. M. BERNARD.
B. N. Poésie.

95. — Dialogue entre la paix et Bellone sur le Camp de Compiègne, dédié à Mgr le Duc de Bourgogne. — Signé DADER. — *Paris, chez Martin et Georges Jouvenel,* 1699, in-4, 30 p. et errata.
Bibl. de M. du Lac.

96. — Castra Compendiaca, sive serenissimi Burgundiœ ducis institutio carmen. Auctore Hieronymo Francisco PILLON.
B. N. Poésie.

97. — Castra regia ad Compendium, carmen. Auctore Petro PESTEL.
B. N. Poésie.

98. — Castra Compendiensia, carmen. Auctore. P. D. B. C. R. I. C. N. E. P. E. P. — *Noviomi, imp. Cabat,* 1699, in-12.
Bibl. de Comp.

99. — Castra Compendiensia, sive serenissimi Burgundiœ ducis Institutio bellica, carmen. Auctore G. DE SEGAUD, e Soc. Jesu. — *Parisiis Lambin,* 1698, in-8, 47 p.
A la suite de ce poème latin se trouve une traduction inti-

tulée : Le camp de Compiègne, poème traduit du latin par le P. Paul DU RU.

Exemplaire réglé, relié en maroquin rouge aux armes d'Orléans. Bibliothèque de M. Esmangart.

100. — Serenissimo, celsissimoque principi, Burgundiæ duci, celcissimis principibus Andegavorum et Biturigum ducibus, cum se bellicis et castrensibus ludis exercerent ad Compendiacum, carmen. Auctore Carolo DE SAINT-GILLES LENFANT.

B. N. Poésie.

101. — Les Curieux de Compiègne, comédie de M. DANCOURT.

— *A Paris, chez Pierre Ribou, sur le quai des Augustins à la descente du Pont-Neuf, à l'image S. Louis* M. DC. X. C. VIII., *avec privilège du Roy*, 78 p. in-12 et 1 de catalogue.

Exemplaire relié en maroquin rouge app. à M. Méresse.

102. — La Rivale travestie ou les Avantures galantes arrivées au camp de Compiègne, avec tous les mouvements de l'armée. — Par NODOT. — *Paris, Brunet,* 1699, in-12.

A. — 2e édition. — *A Paris, Pierre Ribou,* 1713, in-8, 356 p.

Ce roman porte comme second titre dans cette édition : les Aventures galantes arrivées au camp de Compiègne avec les mouvements de l'armée. A la fin se trouve l'ordre de bataille (p. 349). Monteil y a fait de fréquents emprunts dans son Histoire des Français.

103. — Histoire d'une perle ovale et d'un colonel de cuirassiers. — Par A. FIÉVÉE.

Cette nouvelle publiée dans le *Sport* en 1864, se passe au camp de Compiègne de 1698.

104. — Journal du camp de Compiègne de 1739 augmenté des épreuves des mines faites en présence du Roi par MM. de Turmel et Antoniazzi, capitaines mineurs, rédigé sur les lieux, par ordre de M. Dangervillers, ministre de la

guerre, par le sieur LE ROUGE ingénieur géographe du Roi. Auquel on a joint un traité pratique des Mines par M. le maréchal DE VAUBAN. — *Paris, chez le Rouge et Duchesne,* 1761, in-8, 128 p. et 36 planches.

105. — Ordonnance du roi pour le camp de Compiègne du 5 juillet 1764.— *Paris, imp. Roy.* M. DCCLXIV, in-fol., 6 p.

    Bibl. de l'auteur. Voir sur ce camp : Le séjour de Louis XV à Compiègne en 1764, N° 82.

106. — Sermon prêché au camp des Carabiniers de Monseigneur le Comte de Provence, campés devant Compiègne, sous le commandement de M. le Marquis de Poyanne, passés en revue les 9 et 10 Août 1767, par le Roi, accompagné de Mgr le Dauphin, de Mgr le Comte de Provence, Colonel de la Troupe, de Mgr le Comte d'Artois, en présence de la Reine, de Mesdames, et de toute la Cour. Par M. l'Abbé de RUPT, ancien Aumônier. — *A Paris, de l'imp. de Chardon,* 1767, in-8, 49 p.

    Bibl. de M. du Lac.

107. — Etat des troupes qui doivent passer en revue devant le Roi à Compiègne, en l'année 1769 et qui formeront le camp dans la plaine de Verberie lequel camp commencera à se former dès le 1er juillet et sera complet au 15 dudit mois. *S. l. n. d.*, in-4, pièce

    B. N. Lb 38, 1039.

108. (1) — NESTOR ROQUEPLAN. — Le camp de Compiègne. — *Paris, Everat,* 1834, in-8, 23 p. Extr. de la *Revue de Paris.*

---

(1) Le *Spectateur militaire* renferme divers mémoires publiés par des officiers à la suite des concours ouverts au camp de Compiègne de 1837. Nous les indiquons ici sommairement bien qu'ils ne touchent en rien à notre histoire locale. Formation de l'infanterie sur deux ou trois rangs, par M. Travers (nov. 1837); Des Caisses d'épargne militaires, par M. Charlier (déc. 1837); Réponses à diverses questions, par M. d'Eprémesnil (janvier 1838); Des remplaçants, par M. Fririon (avril 1838).

VI. — Histoire religieuse (1).

109. — Les Conciles et les assemblées ecclésiastiques de Compiègne.

M. Pécoul a lu à la Société historique, dans la séance du 19 février 1872, un travail sur les *Conciles de Compiègne*, actuellement sous presse dans le t. II du *Bulletin de la Société*.

On trouve aussi une note sommaire sur les Conciles de Compiègne dans la Description historique de Compiègne, n° 3.

110. — Mission de Compiègne. 1817. (2) *Compiègne*, G. Escuyer, imp. M. DCCC XVII., in-8, 55 p.

111. — Procès-verbal de nomination aux cures vacantes du district de Compiègne. Dimanche 8 mai 1791, in-4, 16 p. S. d. — Probablement chez *Bertrand*. — Signé Desboyes et Penon secrétaires.

VII. — Clergé régulier.

ABBAYE DE SAINT-CORNEILLE (3).

112. — Notice dans le Gallia Christiana, t. IX, coll. 436. Ed. des Bénédictins.

---

(1) Pour les offices des diverses paroisses et des communautés et confréries, voir les chapitres de ces paroisses et le n° 84.

(2) Il existe pour la mission de 1751 une planche gravée chez Basset, in-folio, au bas de laquelle on lit : Représentation de la croix plantée à Compiègne, paroisse Saint-Antoine par les soins du révérend père Vallon de l'ordre des FF. PP. le 24 novembre 1751, après celle qui fut plantée dans le cimetière Saint-Jacques à l'issue de la mission faite dans ladite paroisse par les missionnaires du même ordre.

Il y eut en 1768 une autre mission dans le cours de laquelle Bertrand imprima, avec la permission de l'évêque de Soissons, un livre de *Pensées chrétiennes pour tous les jours du mois*, dont le prix était de quinze sous.

(3) Les cartulaires de Saint-Corneille conservés aux archives nationales sont analysés dans le travail de M. Cocheris indiqué sous le n° 25.

113. — Charte de Philippe IV dit le Bel de l'an 1311 au sujet du descort entre le couvent de Royal Lieu et l'abbaye de Saint-Corneille. *Sans titre.* S. n. n. l., in-folio, 6 p.

114. — Arrest notable de la Cour du Parlement de Paris prononcé le 19 janvier 1647 et rendu au profit des religieux, prieur et couvent de la Royale Abbaye de Saint-Corneille de Compiègne, à l'encontre de maistre Jacques le Féron, maistre particulier, Réné Potier lieutenant, Louis Charpentier substitut du procureur du Roy, Antoine et Raoul Charmolue greffiers et autres officiers des eaux et forêts de Cuise et Compiègne et encore contre maistre Claude Cartier, tuteur des enfants mineurs de Monsieur le duc de la Valette. Par lequel lesdits religieux sont maintenus et gardez en tous droits de propriété, fond, très-fond, haute, moyenne et basse justice, isles, isleaux, atterrissemens, moulins, droits de pesche, de travers, de passages, de moulin et tous autres droits dans la rivière d'Oize et sur les ponts, rives et bordages d'icelle, fruits, profits et émoluments en dépendans : Et défenses son faites auxdits officiers de les y troubler à l'avenir, ny de pescher ou faire pescher, ny prendre aucune jurisdiction ny connaissance des délits ou autres cas qui arriveront sur ladite rivière, mais les renvoyer pardevant les officiers desdits de Saint-Corneille, à peine de tous dépens, dommages et intérêts, etc. Extrait des registres du parlement [19 janvier 1647]. S. d. n. d., in-folio, 4 p.

115. — Factum pour les religieux, abbé et couvent de l'Abbaye Royale de S. Corneil de Compiègne demandeurs en requeste afin d'intervention et appelans, contre Maistres Louis Thibaut, lieutenant du Bailly de Senlis audit Compiègne et Jean Thibaut prévot royal audit lieu, défendeurs et intimez en leurs propres et privés noms ; et lesdits Thibaut deman-

deurs et dèfendeurs, l'un contre l'autre, en réglement de juridiction. Messire Gaston de Foix, duc de Candale, comte de Senlis par engagement et les eschevins de ladite ville de Compiègne intervenans et défendeurs. — de HENNEQUIN, rapporteur. — *S. n. n. l.*, in-folio, 4 p.

<small>Bibl. de Compiègne.</small>

116. — Louis par la g. de d. etc. Lettres patentes renouvellant le privilège de *Committimus* accordé à l'abbaye de Saint-Corneille [27 janvier 1647]. *S. d.*, in-4, 3 p.

117. — (Bulle du pape Alexandre VII de 1657 portant extinction du titre et de la dignité d'abbé de Saint-Corneille de Compiègne et union des fruits, émolumens, etc., de la Manse abbatialle de lad. abbaye à la Manse de celle du Val-de-Grâce de Paris). *S. l. n. n. n. d.*, in-folio, 4 p. en latin.

118. — Déclaration ou factum des droits honorifiques de l'Eglise Matrice de Saint-Corneille de Compiègne pour les religieux de ladite église, contre leurs vicaires perpétuels des paroisses dudit Compiègne ; avec la transaction faite entre les parties [18 mai 1657]. *S. n. d. l.*, in-4, 38 p.

119. — Briève Déclaration de quelques droits et privilège de l'Eglise Matrice et Abbaye Royale de Compiègne [7 avril 1668]. *S. l. n. d.*, in-4, 7 p.

120. — Louis, par la grâce de Dieu. Arrêt du grand conseil du 22 décembre 1671. In-4, 7 p. — *Imprimé à Compiègne, par C. Rennesson, imprimeur du Roy et du Collége Royal.*

<small>Confirmation de la réunion de la Manse abbatiale de S. Corneille au Val-de-Grâce et évocation au conseil de tous procès relatifs à l'abbaye.</small>

<small>*Première pièce imprimée à Compiègne* très-probablement, en dehors de l'imprimerie ambulante de Julien Courant. Bibl. de M. Esmangart.</small>

121. — Réponce faite par le curé du Crucifix à la prétendue

ordonnance du seigneur évesque de Soissons dattée du deuxième avril 1672. — Signé F. BERNARD BLANCHETTE, curé de la paroisse du Crucifix en la Royalle Abbaye de Compiègne [16 avril 1672]. S. n. n. l., in-folio.
    Bibl. du Palais de Compiègne. Fonds Dirmant.

122. — Arrêt du parlement de Paris du 2 juillet 1678, qui défend aux religieux de Saint-Corneille de suspendre la navigation pendant les jours de fêtes. S. n. n. l., in-4, 2 p.

123. — Ordre de collocation des créanciers de M. Pierre d'Henault, avocat et fermier général de la Manse abbatialle de Saint-Corneille de Compiègne, par devant les maîtres des requestes ordinaires de l'Hôtel. S. l. n. d. 1686, in-fol., 22 p.

124. — Factum pour les religieux de Saint-Corneille de Compiègne et de N. D. de Saint-Just intimez, contre Héléne Caillet, veuve de Christophle Lardinois et consorts appellants d'une sentence rendue au bailliage de Montdidier, le 14 avril 1617. S. l. n. d In-folio, 3 p.

125. — Factum pour les dames du Val-de-Grâce et les religieux de Saint-Corneille de Compiègne contre les chanoines de Saint-Clément refusant d'assister aux processions générales. S. l. n. d., in-folio, 7 p.

126. — Factum pour dom Pierre Galopin, prêtre, religieux de l'Abbaye de Saint-Corneil de Compiègne et pourvu de la cure du Crucifix desservie en la nef de la même église, intimé, contre les dames religieuses du Val-de-Grâce, au monastére desquelles la Manse abbatialle de ladite Abbaye de Saint-Corneille est unie, appelantes. — M. DE BERNAGE, *rapporteur. S. l. n. d.*, in-folio, 6 p.
    Sur la portion congrue réclamée par Dom Galopin auxdites religieuses, au lieu du gros qu'elles avaient l'habitude de lui payer. Une sentence du bailli de Compiègne avait d'abord donné raison à D. Galopin, d'où l'appel.

127. — Addition au factum de dom Pierre Galopin prestre, curé de la paroisse du Crucifix desservie en la nef de l'église de Saint-Corneil de la ville de Compiègne contre les deux curez de Saint-Jacques et de Saint-Antoine de la mesme ville de Compiègne, et encore contre Charles Ivoré, Jean Loyseau et autres, particuliers habitans du Bois-d'Ageux, dépendant de ladite cure du Crucifix. S. l. n. d., in-folio, 6 p.

Contre la suppression de la cure du Crucifix réclamée par les curés, d'accord avec les dames religieuses du Val de Grâce. M. de Bernage rapp., de Gamaches. proc.

128. — Mémoire instructif pour faire voir que les Religieuses de Saint-Nicolas du Pont de Compiègne ne peuvent reconnaître d'autre supérieur que le Révérend père prieur de Saint-Corneille dudit Compiègne, à qui seul toute la juridiction spirituelle de l'abbaye est naturellement dévolue depuis la suppression du titre abbatial de Saint-Corneille. S. l. n. n. n. d., in-folio, 4 p.

129. — Etat des pièces remises au greffe de la commission extraordinaire du conseil établie par l'arrêt du 19 août 1723, pour les dames abbesse et religieuses de l'Abbaye Royale du Val-de-Grâce à Paris, dans laquelle est unie la Manse abbatiale de l'Abbaye Royale de Saint-Corneil de Compiègne et les religieux, prieur et couvent de la même abbaye de Saint-Corneil, ordre de Saint-Benoist, congrégation de Saint-Maur, contre Monsieur l'évêque de Soissons. — *Imp. veuve Garnier*, 1725, in-folio, 4 p.

Inventaire intéressant des principaux titres de St-Corneille.

130. — Mémoire pour les dames abbesse et religieuses de l'Abbaye Royale du Val-de-Grâce, et les religieux, prieur et couvent de l'Abbaye de Saint-Corneille de Compiègne, ordre de Saint-Benoist, congrégation de Saint-Maur. Contre Monsieur l'évêque de Soissons. Pour servir de réponse à son

mémoire et aux moyens dont il se sert pour contredire les bulles, les chartes et les titres produits en l'instance pendante au conseil au sujet de la juridiction de la même Abbaye de Saint-Corneille, sur le prieuré de Saint-Nicolas au Pont et autres églises de Compiègne. — M. Choppin d'Arnouville, rapporteur. Mᵉ de Vandenesse, avocat. — *Imp. de la veuve Garnier à Paris*, 1726, in-folio, 49 p.

> Ce mémoire comprend l'histoire de la juridiction de Compiègne, des réflexions sur l'exemption de Compiègne et la réponse aux différents moyens tirés du défaut de titre primordial et constitutif, du défaut de titres qui énoncent clairement la juridiction comme épiscopale, de la prétendue fausseté des titres produits, de l'abus que l'on suppose dans les titres de l'église de Compiègne, de la prétendue dérogation à l'exemption et de l'extinction des privilèges.

131. — Second mémoire pour Mᵍʳ l'évêque de Soissons contre les dames abbesse et religieuses de l'Abbaye Royale du Val-de-Grâce et les révérends pères prieur et religieux de Saint-Corneil de Compiègne pour servir de réplique aux mémoires desdits RR. PP. prieur et religieux.— M. Choppin d'Arnouville, rapporteur. — *A Paris, chez la veuve Mazières et J. B. Garnier. S. d.*, in-4.

132. — Mémoire pour les dames abbesse et religieuses de l'Abbaye Royale du Val-de-Grâce et les religieux, prieur et couvent de l'Abbaye Royale de Saint-Corneille de Compiègne, ordre de Saint-Benoist, congrégation de Saint-Maur, contre Monsieur l'évêque de Soissons, pour servir de réponse au second mémoire de Monsieur de Soissons, employé pour réplique au mémoire desdits prieur et religieux bénédictins. — M. Choppin d'Arnouville, rapporteur. M. de Vandenesse, avocat. — *Imp. veuve Garnier à Paris*, 1727, in-folio, 72 p.

> Sur l'exemption. — Même division que le précédent. Examen intéressant des titres de Saint-Corneille et notamment des chartes

de Charles-le-Simple de 917, de Louis-d'Outremer, de Philippe Ier de 1085 et 1092 et de Louis VII.

133. — Mémoire sur le délibéré pour les religieux de l'Abbaye Royale de Saint-Corneille de Compiègne, opposans et demandeurs, et encore pour les sieurs gouverneurs, attournez et échevins de la ville de Compiègne, aussi opposans et demandeurs ; contre Claude Bouillet entrepreneur du pont de la ville de Compiègne et demandeur en enterrinement de don. — Signé LE JUGE, avocat. M. DE LA BAUNE, conseiller maître, rapporteur. — *Paris, Guérin*, 1738, in-folio, 7 p.

> Procès à la chambre des Comptes au sujet du don de trois places, dont deux dans la censive de Saint-Corneille.

134. — Mémoire pour Claude Bouillette, entrepreneur du pont de Compiègne, contre les religieux de l'Abbaye de Saint-Corneille et les maire et échevins de la même ville. S. *l. n. d.* in-folio, 6 p.

135 (1). — Mandement du Grand-Prieur de l'Abbaye Royale de Saint-Corneille de Compiègne, immédiate au Saint-Siége et ayant droit d'exercer la jurisdiction spirituelle et quasi épiscopale, pendant la vacance du siége épiscopal de Soissons. — *Compiègne, imp. L. Bertrand*, 1764, placard.

> Mandement du 4 août 1764 ordonnant de faire célébrer dans les églises du ressort de l'exemption un service pour le repos de l'âme de l'évêque de Soissons, François, duc de Fitz-James.
> Bibl. de Compiègne.

136. — Oraison funèbre de très-puissant et très-excellent prince Philippe, fils de France, frère unique du Roy, duc d'Orléans, prononcée en l'église des RR. PP. Bénédictins de Saint-Corneille de Compiègne au mois d'octobre 1701 par dom Jean THIROUX, bénédictin de la congrégation de Saint-Maur, et prieur de l'Abbaye de Nogent-sous-Coussy.

---

(1) Voir au chapitre du *Bailliage* le procès entre les officiers royaux et ceux de la justice de l'Abbaye au sujet d'une apposition de scellés.

— *A Reims, chez François Godard, marchand-libraire, rue des Tapissiers*, 1701, in-4, 35 p.

137. — Oraison funèbre de Mgr le Dauphin, prononcée en l'église de l'Abbaye Royale de Saint-Corneille de Compiègne, le 25 janvier 1766, et le 27 en celle de Royal-Lieu, par dom J. B. Huet, religieux bénédictin de la congrégation de Saint-Maur. — *Compiègne, Bertrand*, 1766, in-4, 37 p.

138. — Inventaire du trésor de l'Abbaye de Saint-Corneille de Compiègne. — *Paris, Debats*, 1698, in-12.

A. *Soissons*, 1704, petit in-12, fig.

139. — Inventaire du trésor de l'Abbaye Royale de Saint-Corneille de Compiègne. — *A Soissons, chez Charles Courtois*, 1730, in-18.

L'inventaire manuscrit rédigé en 1666 et portant les signatures de tous les visiteurs jusqu'en 1684 est conservé aujourd'hui dans un des reliquaires de Saint-Corneille déposés dans l'église de Saint-Jacques. J'ai pu, il y a quelques années, en prendre une copie. La majeure partie des reliques de Saint-Corneille a disparu à la révolution. On conserve à la Bibliothèque Nationale le dyptique d'ivoire décrit par le P. Sirmond (1); et la grande cuve baptismale formée d'un ancien tombeau romain est au musée gallo-romain du palais de Compiègne.

140. — Description des Reliques et des autres Monumens remarquables qui sont dans l'Abbaye Royale de Saint-Corneille de Compiègne. — *Paris, J. B. P. Valleyre, imp. lib.*, 1770, in-12, 4 et 108 p.

141. — Histoire du Saint-Suaire de Compiègne, par Dom Jacques Langellé, religieux bénédictin de la Congrégation de Saint-Maur. — *Paris J. B. Coignard*, 1684, in-12, 137 p., fig. grav.

---

(1) Pour les descriptions relatives à ce dyptique, nous renverrons aux indications que renferme le catalogue du cabinet des antiques de la Bibliothèque Nationale rédigé par M. Chabouillet.

Outre la planche représentant le Saint-Suaire qui se trouve dans D. LANGELLÉ, il en existe une autre grande planche, gravée du XVII³ siècle.

142. — EDM. CAILLETTE L'HERVILLIERS. — Notice historique sur le Saint-Suaire de l'abbaye de Saint-Corneille de Compiègne. *Bull. de la Commis. archéol. du diocèse de Beauvais*, t. II, p. 116, 1847.

143. — C. DE L'HERVILLIERS. — Le Saint-Suaire de Compiègne et les autres Saints-Suaires. *La Picardie*, t. VIII, 1862, p. et t. IX 1863, p. 17.

144. — Cantique en l'honneur du Saint-Suaire de N. S. Jésus-Christ et du voile de la Très-Sainte-Vierge avec quelques prières aux Saints dont il y a des Reliques considérables dans l'Eglise de Saint-Corneille de Compiègne. — *Compiègne L. Bertrand*, 1761, in-8, 35 p.

Sur le titre figure comme gravure l'ex-libris aux armes de l'abbaye portant *livre de St-Corneille* au bas des armes.

145. — Lettre d'un bourgeois de Compiègne à l'un de ses amis, sur la translation qui s'y est faite du voile de la Sainte-Vierge en l'abbaye de Saint-Corneille, le 15ᵉ d'août 1666. *S. l. n. d.*, in-fol, pièce.

B. N. Lk 7, 2188.

146. — Histoire de la réception du corps de Saint-Corneille pape à Compiègne, écrite en prose et en vers, par un auteur du Xᵉ siècle. *Recueil de divers écrits*, etc. de l'abbé LEBOEUF. — *Paris* 1738, in-12, t. 1ᵉʳ, p. 352-360.

147. — Ordo divini officii ad usum ecclesiœ regalis abbatiœ sanctorum Cornelii et Cypriani martyrum pariter et pontificum accomodatus pro anno domini MDCCLXXXVII (1787). Paschà in diem 8 aprilis incidente. — *Compendii typis Ludovici Bertrand*, in-12, 64 p.

Sur le titre se trouvent gravées les armes de l'abbaye.

148. — Les huit Barons ou Fieffez de l'Abbaye Royalle Sainct-Corneille de Compiègne, leur Institution, leur Noblesse et leur Antiquité, par Louis de GAYA, Escuyer, Sieur de Tréville. — *A Noyon, chez Louis Mauroy, imp. de Mgr l'Évêque*, etc., MDCLXXXVI, in-12, XIV et 208 p.

149. — Ordonnance de Mgr l'Evesque de Soissons faisant deffences aux prétendus fieffez de l'abbaye de Saint-Corneil, demeurans dans des maisons assises dans les paroisses de Saint-Jacques et Saint-Antoine et aux locataires des maisons prieurales de reconnaistre austres curés que ceux desdites paroisses de Saint-Jacques et Saint-Antoine de Compiègne, (2 avril 1672). *S. n. n. d.*, in-fol. 1 p.

AUTRES COMMUNAUTÉS.

150. — Notice sur les Carmélites de Compiègne. Annales du monastère de l'Annonciation des Carmélites de Compiègne, par M. AUGER. — *Paris, Méquignon junior*, 1835, in-8, 31 p.

151. — Histoire des religieuses Carmélites de Compiègne conduites à l'échafaud le 17 juillet 1794, ouvrage posthume de la sœur MARIE DE L'INCARNATION, religieuse carmélite du même monastère. — *Sens, Mathon*, 1836, in-12, 228 p.

152. — CHATEAUNEUF (A. DE). — Notice sur l'origine et les développements de l'ordre des Carmes. — *Le Mans, Monnoyer*, 1851, in-12, 47 p.

Les pages 17 à 34 comprennent l'histoire des Carmélites de Compiègne, leur procès et leur supplice, ainsi qu'un cantique composé par elles la veille de leur mort.

153. — Le Supplice des Carmélites de Compiègne, le 17 juillet 1794. Signé Jules SAUZAY. — *Lyon, Girard et Josserand*, 1860, in-8, pièce (Extr. du *Journal des Bons Exemples*).

154. — Les Carmélites de Compiègne conduites à l'échafaud le 17 juillet 1794 et les nouvelles Carmélites établies en 1866. — *Noyon, typ. D. Andrieux*, 1867, in-8, 16 p. (Extrait de la *Foi Picarde*).

155. — L'HERVILLIERS (EDM. DE). — L'Impératrice Eugénie au Carmel de Compiègne. *La Picardie*, 1868, t. XIV, p. 263 et n° 19.

156. — Indulgence pleniere de nostre S. Père le Pape Innocent XII accordée à tous fidelles de l'un et de l'autre sexe qui se feront enrôler dans la confrérie de Saint-Hubert érigée en l'église des Pères Cordeliers de Compiègne. *S. l. n. d.* placard.

<small>Indulgence du 20 mai 1697 publiée avec approbation de l'ordinaire donnée par Pierre de Hangest, vicaire général de l'évêque de Soissons, le 4 août 1697.</small>

157. — La solennité de la canonization de Saint-Félix de Cantalice capucin en l'église des Capucins de Compiègne, *S. l. n. d*, placard.

<small>S. Félix de Cantalice avait été canonisé par bulle du 16 juin 1712 ; la fête qui lui fut faite à Compiègne et dont cette feuille est le programme dura du 15 au 23 juillet 1713.</small>

158. (1) — Histoire abrégée de la vie et de la translation de Sainte-Euphrosine, vierge d'Alexandrie, Patrone du Prieuré de Saint-Louis de Royaulieu dans la Forest de Compiègne, avec l'office de sa Fête et quelques prières en son honneur. Les indulgences de N. S. P. Alexandre VII pour le second Dimanche d'après Pâques dans l'église du même Prieuré, dite Saint-Jean-aux-Bois, et quelques avis aux Pélerins. — *A Reims, chez la veuve Jean Bernard*, 1666, in-12, 191 p.

Bibl. de M. Méresse.

---

(1) Voir aussi sur l'abbaye de Royallieu les N°s 113 et 137.

159. — Le Triomphe de la Grâce sur la nature dans la vie admirable de l'illustre Vierge Sainte-Euphrosine patronne de l'Abbaye Royale de Royal-Lieu-lès-Compiègne, en vers français, divisé en deux livres et dédié à la reine par D. Gabriel Brosse, religieux bénédictin de la Congrégration de Saint-Maur. — *Paris, Billaine,* 1672, in-4. 160 p.

VIII. — Paroisses, Chapelles et Confréries

SAINT-JACQUES.

160. — Vie et Office de Saint-Jacques le Majeur Apostre, Nouvellement dressé pour la Paroisse Royale de Saint-Jacques de Compiègne, selon le nouveau Bréviaire et le nouveau Missel de Soissons. — *Paris, J. B. Coignard, imp.* 1750, in-12, 211 p.

161. — Livre à l'usage de la confrérie du Très-Saint-Sacrement établie en la Paroisse de Saint-Jacques, à Compiègne. — *A Soissons, veuve Charles Courtois,* MDCCXLVII, in-8, 15 p.

162. — Statuts et prières de la confrerie du Très-Saint-Sacrement établie dans les deux églises paroissiales de Saint-Jacques et de Saint-Antoine de la ville de Compiègne, par M. Clausel, vicaire-général capitulaire d'Amiens. — *Compiègne, G. Escuyer, imp.* MDCCCXX, in-8, 16 p.

163. — Solide dévotion à la Croix de N. S. Jésus-Christ à l'usage de la confrérie des pénitents de la Croix établie en la Paroisse Royale de Saint-Jacques de Compiègne. Ouvrage qui contient les réglemens de cette confrairie, les indulgences qui lui sont accordées, les offices de ses deux principales fêtes, l'Invention et l'Exaltation de la Sainte-

Croix, les prières dont on doit s'occuper, soit durant les messes de la confrairie, soit aux processions et stations, soit pendant l'adoration du Très-Saint-Sacrement. — *A Compiègne, de l'Imprimerie de Louis Bertrand*, MDCCLIII, in-18, 126 p. et 2 de table non paginées.

164. — Arrest de réglement de la cour de Parlement de Paris, touchant le droit que les Marguilliers ont de nommer et présenter un Prédicateur à l'Evesque Diocésain. [18 déc. 1666]. — *Paris, imp. Bouillerot*, in-4, 7 p.

Pour les gouverneurs attournés et les marguilliers de Saint-Jacques et de Saint-Antoine de Compiègne, contre l'évêque de Soissons Charles de Bourlon qui avait refusé d'approuver le choix qu'ils avaient fait du P. Vincent de Troyes, capucin et avait choisi à sa place l'abbé Maruc.

165. — Arrests du Conseil d'Etat du Roy qui condamnent les Curez et Marguilliers des Paroisses de Saint-Jacques et Saint-Antoine de la ville de Compiègne, à payer les droits d'Amortissement pour la fondation faite par le Sieur de la Porte, au profit des Pauvres malades desdites Parroisses. Des sept juin et dix-huit octobre 1712. *S. l. n. d.*, in-4, 8 p.

166. — Mémoire pour Maistre Simon Joannet, Prestre, Curé de la Paroisse de Saint-Jacques de Compiègne, défendeur, demandeur et appelant, contre Maistre Jean Lemoine, curé de Saint-Antoine de la même ville, demandeur, défendeur et intimé, et encore contre les Dames Abbesse et Religieuses de l'Abbaye Royale du Valdegrace intervenantes et évoquantes. *S. d.* — *Paris, imp. Huguier*, in-fol. 7 p.

Au sujet d'une dime sur une langue de terre située sur le grand chemin royal de Compiègne à Crépy, chemin qui fait la séparation des deux paroisses. (Vers 1715).

167. — Mémoire servant de réponse au mémoire du S. Joannet, pour M⁰ Jean Lemoyne, Prestre, Curé de Saint-

Antoine de Compiègne, demandeur, défendeur et intimé, contre M⁰ Simon Joannet, Prestre, Curé de Saint-Jacques de la même ville, défendeur, demandeur et appelant. S. d. — *Paris, imp. Huguier,* in-fol., 11 p.

168. — Mémoire pour Louis-Alexandre de Bains, docteur en théologie, curé de Saint-Jacques de Compiègne, appelant comme d'abus du refus de visa pour ladite cure et l'institution du sieur le Parquier à bénéfice, appelant en outre d'une sentence du Bailliage de Compiègne, appelant et défendeur, contre le sieur Thomas le Parquier pourvu de ladite cure par le sieur Evèque de Soissons, intimé sur lesdits appels, et défendeur. — Signé J. L. Brunet. — *Paris, imp. Sevestre. S. d.* in-fol. 26 p. (1719 ou 1720).

169. — Examen fait par l'évêque de Soissons de M. de Bains vicaire de Saint-Etienne-du-Mont de Paris, nommé par les Dames Abbesse et Religieuses du Val-de-Grâce à la cure de Saint-Jacques de Compiègne, 1719, in-12.

 Bibl. de M. du Lac.

 J'en trouve dans les papiers de l'abbé Auger un autre exemplaire in-4 de 8 p. L'examen est du 6 décembre 1719, et constate que Louis Alexandre de Bains est hérétique et janseniste.

170. — Ordonnance de Monseigneur l'Evêque de Soissons (Languet de Gergy), 27 mars 1727. — *S. l. n. n.*, placard.

 Cette ordonnance règle le rang et la préséance des deux paroisses de Compiègne, d'après les termes de la déclaration du roi du 5 octobre 1726.

 Bibl. du Palais de Compiègne. Fonds Dirmant.

171. — Mémoire pour M⁰ Boulanger curé de Saint-Jacques de Compiègne contre M⁰ Mathieu, Dévolutaire et contre l'Université de Paris intervenante. — *Paris, Knapen imp.,* 1762, in-4, 27 p.

 La cure vaquait depuis le 16 février 1761 par suite du décès du sieur Paterre. L'abbé Boulanger était vicaire depuis 21 ans ; ses degrés, dit-il, sont valables et suffisants pour posséder un cure dans une ville murée ; sa présentation et ses provisions ne sont pas abusives ; tandis que le sieur Mathieu n'a aucun titre canonique.

172. — Mémoire pour le sieur François de Paule Mathieu, Prêtre, Curé de la Paroisse de Saint-Jacques de Compiègne, Appellant comme d'abus et Défendeur contre le sieur Claude Boulanger Prêtre du diocese de Soissons, se prétendant pourvu de la même Cure, intimé et Demandeur, en présence de l'Université de Paris, Intervenante. — *Paris d'Houry, imp.*, 1762, in-4. 30 p.

173. — Réclamation au curé Boullanger en novembre 1784 sur ce qu'il a nommé un chantre *à voix rauque*, au mépris de ses paroissiens. *S. l. n. d.*, placard. Cet imprimé a été supprimé par une sentence de police de Denis-Nicolas De Crouy le 15 novembre 1784, sentence *imprimée chez Bertrand*, en une feuille in-fol.

Collection de l'abbé Auger.

SAINT-ANTOINE (1).

174. — Vie et office de Saint-Antoine, patriarche des Cénobites, Nouvellement dressé selon le Bréviaire de Soissons, pour la Paroisse Royale de Saint-Antoine de Compiègne. — *A Compiègne, chez Louis Bertrand*, 1753, in-12, 181 p.

175. — Office de Saint-Antoine, patriarche des Cénobites, à l'usage de la Paroisse Royale de Saint-Antoine de Compiègne, précédé d'un abrégé de la vie de ce Saint et des prieres pendant la messe. — *A Compiègne chez G. Escuyer*, 1822, in-12, XVIII et 102 p.

(1) Voir au § consacré à Saint-Jacques les pièces relatives à des procès communs aux deux paroisses.

176. — Réglement de l'archiconfrérie du Saint-Cœur de Marie, canoniquement érigée en l'église Saint-Antoine. — *Compiègne, imp. Vol de Conantray*, 1858, in-18, 12 p.

177. — Mémoires concernant l'église de l'ancienne et premiere Paroisse Royale de Saint-Antoine de Compiègne, dépourvue de vicaire, diacre, soudiacre et confesseurs et le curé de cette paroisse sans les secours nécessaires, quoy que chargé de deux mille communians. *S. l. n. d.*, in-fol. 6 p.

178. — Raisons de la conduite du sieur curé de Saint-Antoine de Compiègne à l'égard de plusieurs de ses paroissiens qui s'opiniatrent à luy refuser l'honoraire qu'ils luy doivent pour l'enterrement de leurs enfants. *S. l. n. d.*, in-4, 4 p.

179. — Mémoire signifié pour les sieurs curé et marguilliers en charge de l'église, paroisse et fabrique de Saint-Antoine de Compiègne appelans, contre Jean Marie Gabriel, bourgeois de Compiègne, intimé. [Mars 1752], in-4, 24 p.
Difficultés relatives à la propriété d'un terrain.

180. — Sentence de la Prévoté de l'Hôtel du Roy et Grande Prévoté de France, rendue au profit de M. de Gueroult-Daublay, porte-étendard dans la Compagnie des Gendarmes de la Garde ordinaire du Roy ; contre les Curés et Marguilliers de l'OEuvre et Fabrique de Saint-Antoine de la Ville de Compiègne, qui ordonne que ledit Sieur Daublay, son Epouse et sa Famille, jouiront dans la Paroisse de Saint-Antoine de Compiègne, des Honneurs, Préséances et Prérogatives attribués aux Officiers Commensaux de la Maison du Roy et des Maisons Royales. [Du 6 aoust 1766].
— *Paris, imp., Prault*, 1766, in-4, 4 p.

181. — Précis pour les curé et marguilliers en charge de l'église paroisse et fabrique de Saint-Antoine de Compiè-

gne, en cette qualité administrateurs de la charité des pauvres malades de ladite paroisse, défendeurs, demandeurs en intervention et appelans, contre Claude Mory, entrepreneur des ponts-et-chaussées de la généralité de Soissons, etc. — *Paris, Simon,* 1768, in-4, 8. p.

<small>Question de savoir si le preneur peut céder son bail, à défaut de convention.</small>

181 bis. — Observations dans l'intérêt de la fabrique de Saint-Antoine de Compiègne légataire universelle de Mademoiselle Fromage décédée ancienne religieuse. — *Compiègne, Louis Vol,* 1848. Signé Henri LAURENT, avocat, in-4, 24 p.

SAINT-GERMAIN.

182. — Vie et office de Saint-Germain, Evesque d'Auxerre, nouvellement dressé pour la Paroisse du village de Saint-Germain-lès-Compiègne. — *Compiègne, Louis Bertrand,* 1765, in-12, 204 p.

---

183. — EDM. CAILLETTE DE L'HERVILLIERS. — Notre-Dame-de-Bon-Secours de Compiègne, recherches historiques sur l'origine de cette chapelle et sur le pélerinage dont elle est le but chaque année. — *Compiègne et Paris,* 1861, gr. in-8, 100 p. — *Imp. Lenoel Hérouart à Amiens.*

184. — Instruction et prières pour la neuvaine de Notre-Dame-de-Bon-Secours de Compiègne, par M. l'abbé LAFFINEUR. — *Compiègne, lib. Breton,* 1861, in-12, 79 p. — *Imprimé à Paris, chez Claye.*

---

185. — Fondation de la chapelle de la Salvation élevée à la Vierge en 1468, par Louis XI, près la porte de Pier-

refonds. Documents communiqués par M. F. LE PROUX. — *Soc. Hist. de Comp.*, t. I. p. 109 à 140.

Il existe un tirage à part de ce travail avec titre et table alphabétique des noms cités.

Voir aussi sur cette chapelle, le chapitre Collége.

IX. — Administration de l'arrondissement et du canton en général. (1)

186. — Notes sur l'administration communale de l'arrondissement de Compiègne de 1838 à 1841, par A. MALHER, sous-préfet. — *Compiègne, imp. J. Escuyer,* 1841, in-8.

187. — Extrait du rapport de M. le sous-préfet de Compiègne au conseil d'arrondissement (Extrait de l'*Echo de l'Oise*). Session de juillet 1845. — *Compiègne, imp. Vol,* in-8, 6 p.

188. — Observations sur la gendarmerie (Extrait de l'*Echo de l'Oise* du 28 août 1845. — *Compiègne, typ. Vol,* in-8, 4 p.

A l'occasion du rapport ci-dessus.

189. — H. LANGLOIS, ancien receveur municipal de la ville de Compiègne. — Notice sur les biens ruraux des communes suivie de quelques réflexions sur l'état actuel de l'administration des communes rurales. — *Compiègne, Ch. Hideux,* 1855, *imp. Vol,* in-8, 32 p.

Travail dont la publication a été provoquée par le dire du conseil d'arrondissement de Compiègne.

(1) A quelle personne peut s'appliquer la pièce satirique suivante imprimée vers 1814, sur une feuille in-4. *S. l. n. d.*, avec des notes au bas ?
Histoire abrégée des Français ou les Quatre Dynasties, par le Sous-Préfet de Compiègne.

     Pharamond nous fonda
     Pépin nous illustra
     Hugues nous conserva
     Napoléon nous sauva.

Bibl. de M. Esmangart.

X. — Élections.

190. — Au Roi et aux Notables. Présenté le.... novembre 1788, *S. l. n. d.*, in-fol., 4 p.

Adresse des juge et consuls de la ville de Compiègne pour solliciter l'envoi aux Etats Généraux de députés du commerce. Document reproduit d'après l'exemplaire des archives de Compiègne dans le *Progrès de l'Oise* du 3 novembre 1869.

191. — Cahier des doléances, plaintes et remontrances du Tiers Etat du Bailliage provincial de Senlis et des Bailliages secondaires de Compiègne, Pontoise, Creil, Beaumont-sur-Oise et Chambly. Et mémoire sur les Etats-Provinciaux. — *Senlis, imp. Des Rocques,* 1789, in-8, 93 p.

192. — Procès-verbal de ce qui s'est passé en l'assemblée générale de l'ordre de la Noblesse du Bailliage de Senlis et Cahier des pouvoirs qu'elle a chargé son député de porter aux Etats-Généraux. — *Senlis, imp. Des Rocques,* 1789, in-8, 54 p.

193. — Procès-verbal de l'assemblée générale des trois Etats du bailliage provincial de Senlis tenue en l'Eglise des RR. PP. Capucins de la même ville les onze et vingt-quatre mars 1789. — *Senlis, imp. Des Rocques,* 1789, in-8, 175 p.

On y trouve les noms des comparants de la chatellenie de Compiègne p. 37 (Clergé), p. 82 (Noblesse), et p. 110 (Tiers-Etat).

Nous avons trouvé, outre les trois pièces précédentes, dans la bibliothèque de M. Esmangart, un volume de pièces imprimées à Senlis relatives à l'assemblée du bailliage, mais elles ne renferment rien de spécial à Compiègne et aucune proposition n'émane de délégués appartenant à notre ville.

194. — Liste des citoyens actifs de la ville de Compiègne électeurs et éligibles, assemblés le 3 février 1790 dans les Eglises des Minimes et des Cordeliers, pour la nomination des Officiers Municipaux, conformément au décret de l'Assemblée Nationale et lettres patentes du Roi du mois de Décembre 1789. — *De l'imprimerie de Bertrand, imprimeur du Roi et de la Garde Nationale*, 1790, in-fol, 6 p.

195. — A MM. les électeurs de l'arrondissement de Compiègne. — Signé Nestor Urbain, 10 février 1839. — *Paris, imp. de Ducessois. S. d.* — Deuxième lettre à MM. les électeurs de l'arrondissement de Compiègne (même signature, 15 février 1839). *S. l. n. d.* — Troisième lettre (même signature, 27 février 1839). — *Paris, imp. de Ducessois. S. d.*, le tout in-4.

196. — Réflexions d'un électeur de l'arrondissement de Compiègne à l'approche des élections générales de 1846. — *Compiègne, imp. Escuyer. S. d.*, 1846. Signé le Baron de Tocqueville.

Article en faveur de la candidature de M. Barrillon.

197. — Electeurs, prenez garde à vous. [Compiègne 1ᵉʳ août 1846]. — Signé Un Electeur. — *Compiègne, imp. Vol*, in-4, 3 p.

198. — Aux Electeurs de l'arrondissement de Compiègne. [Juillet 1846]. Signé A. Barrillon. *Compiègne, J. Escuyer, imp.*, in-4, 8 p.

199. — Tribunal de police correctionnelle de Compiègne, Procès électoral. Lettre de M. Barrillon, député de l'Oise, à M. Escuyer, rédacteur en chef du *Progrès de l'Oise*. Prévention de soustraction de cette lettre contre le sieur Dercheu, propriétaire et maire et le sieur Vol, gérant du Journal *l'Echo de l'Oise*. Audience du 19 août 1846. — *Compiègne, imp. de J. Escuyer. S. d.*, gr. in-8, pièce.

200. — Procès électoral. Plaidoirie de Mᵉ Léon Duval pour MM. Dercheu et Vol contre les sieurs Barrillon et Escuyer. *Compiègne, imp. de L. Vol*, 1846, in-8, 14 p.

201. — Tribunal de police correctionnelle de Compiègne. Jugement qui rejette la plainte en diffamation portée par Vol contre Escuyer. Audience du 17 octobre 1846. — *Imp. Escuyer*, 1846, in-8, 7 p.

202. — Comité électoral de Compiègne [6 mai 1849]. — *Paris, imp. Poussielgue. S. d.*, in-fol. plano.

Adoption d'une liste de candidats pour l'assemblée législative (1)

203. — A MM. les électeurs de l'arrondissement de Compiègne et des cantons de Betz, Crépy, Nanteuil et Pont-Sainte-Maxence, composant la 3ᵉ circonscription de l'Oise Signé Emile LEROUX, avocat, ancien représentant de l'Oise. [11 juin 1857]. — *Paris, imp. de A. Blondeau. S. d.*, in-4, pièce.

A. — *S. d. même imprimeur*, 18 juin 1857.

XI. — Droit coutumier.

Les communes qui composent aujourd'hui l'arrondissement de Compiègne étaient anciennement régies par différentes coutumes. Compiègne dépendait du bailliage de Senlis; Noyon avait une coutume particulière pour certains points et pour le surplus, elle était soumise à la coutume générale de Vermandois. D'autres localités ressortaient de Clermont, de Montdidier et Roye. Nous ne pouvons indiquer ces différentes coutumes qui ont eu pour la plupart de nombreuses éditions et qu'on retrouve en outre dans le grand coutumier et dans le coutumier de Picardie. Nous citerons seulement la première édition de la

---

(1) Pour les élections à l'assemblée constituante et à l'assemblée législative, les circulaires des candidats de l'Oise sont indiquées dans le catalogue de la Biblioth. Nation. Le 64 et suiv.

On trouvera dans les journaux de Compiègne, les professions de foi et lettres publiées lors des élections qui ont eu lieu sous l'empire, soit pour les renouvellements périodiques de la Chambre, soit par suite du décès de M. Lemaire.

Depuis 1871, les élections pour l'assemblée nationale se faisant par département, nous n'avons plus à inscrire les pièces qui y sont relatives.

coutume de Senlis et l'édition des coutumes de Vermandois de Buridan (1).

204. — C'est la déclaration et division des duchés, contés, chastellenies royalles du bailliage de Senlis et anciens ressorts et des autres chastellenies particulières subalternes de chascune desdictes duchés, contés et chastellenies royalles, quels ressorts par appellations et autrement ont et doivent avoir lesdites chastellenies royalles et subalternes soubs icelles, ensembles des prevostes royalles dudit bailliage, in-4, gothique, 82 f. Et à la fin du procès-verbal est la mention : fin des coustumes du bailliage de Valloys et ressorts dicelluy, avec le procès-verbal, nouvellement par l'ordonnance du Roy réduictes et émologuées en la cour de Parlement. — *Imprimées à Paris le XXVIe jour de janvier l'an mil cinq cens trente et neuf, pour Galiot du Pré et Jehan André, libraires, demeurant à Paris* 1540.

Bibl. de l'auteur.

Les chatellenies dépendant du bailliage de Senlis étaient : Senlis, *Compiègne*, Creil, Pontoise et Beaumont.

205. Les coustumes générales du bailliage de Vermandois en la cité, ville, banlieue et prévosté foraine de Laon, et les particulières de Ribemont, Sainct-Quentin, Noyon et Coucy, avec commentaires sur icelles, confirmés par Ordonnances Royaux, Arrests les plus notables des Cours souveraines, etc.... par Maistre Jean-Baptiste Buridan. — *Reims, Nicolas Hicart,* 1630, in-4, 1107 et 54 p. plus la table.

(1) On trouve une bibliographie assez complète du Droit coutumier dans le Traité de la profession d'Avocat de Dupin et Camus, t. II, 1832.

XII. — Juridictions civiles, et consulaires, Prévôtés, Bailliage, Election, etc. (1)

206. — Philippes, par la Grace de Dieu, Roy de France et de Navarre... Septembre 1319. *S. l. n. d.*, in-fol, 2 p.

Relative à la prévôté et aux droits et devoirs du prévôt.

207. — Extraict des Registres du Conseil d'Etat. [20 octobre 1651]. *S. l. n. d.*, in-fol. 2 p.

Arrêt rendu au profit des gouverneurs attournés contre Pasquin Motel, assujétissant aux logemens des gens de guerre et contributions de ce fait les officiers du bailliage, des prévôtés, eaux et forêts, élection, grenier à sel et tous autres.

208. — Arrest du conseil privé du Roy portant règlement de presceance entre les officiers du Bailliage et Sièges Royaux de la ville de Compiègne : Maistre Louis Thibault, Escuyer, Seigneur de Vuarenval, Conseiller de S. M. en tous ses Conseils, Président, Lieutenant Civil et Criminel ausdits Sièges, Nicolas Thibault, Escuyer, Sieur d'Almont, conseiller du Roy, Lieutenant Particulier, Assesseur Civil et Criminel. Et Maistre Jacques Guillebert, Escuyer, Seigneur de Launoy, conseiller-secrétaire du Roy, Maison, Couronne de France et de ses finances. Extrait des registres du conseil privé du Roy. [17 août 1668]. *S. l. n. d.*, in-fol. 8 p.

209. — Factum pour Louis Charpentier, conseiller du Roy président Lieutenant général de Compiègne et les autres officiers dudit bailliage, contre le sieur Gaya, Major de la

---

(1) M. Bottier a lu à la Société historique (séance du 21 mars 1872) des fragments d'un travail, sur l'histoire de l'organisation judiciaire en France, fragments relatifs au Bailliage de Senlis et aux différentes juridictions qui en dépendaient.

Voir de plus, pour les juridictions forestières, maitrises de Compiègne et de Laigue, le chapitre de l'*Histoire de la Forêt*.

dite ville de Compiègne. [Vers 1685]. S. n. n. l., 3 p.

Question de préséance. Dans une pièce manuscrite jointe à ce factum dans les papiers de l'abbé Auger, on voit Charpentier se plaindre au roi des prétentions de *ce jeune homme sortant des mousquetaires*. (Voir le travail de M. de Brécourt, t. ɪ du *Bull. de la Soc. Hist.*)

210. — Procès-verbal de l'étendue et état actuel du Bailliage Royal de Compiègne. Extrait des Minutes du greffe. — *Compiègne, imp. L. Bertrand*, in-4, 55 p. S. d. [16 février 1751].

211. — Lettre d'un avocat au parlement à un conseiller du Bailliage de Compiègne, sur les entreprises de la juridiction de la prévôté de l'Hôtel contre les juges ordinaires et contre leurs justiciables, dans laquelle on discute l'origine, les droits et les prétentions chimériques de cette juridiction de privilège. [7 décembre 1758]. S. d., 1758, in-12.

B. N. l.f 30. 8.

212. — Mémoire signifié pour les Maire, Echevins et Procureur du Roi de la ville de Compiègne, demandeurs et défendeurs, contre le sieur Coustant de Jouy, avocat du Roi au Bailliage de la même ville, et le sieur Coustant, Substitut de M. le Procureur général audit Bailliage, défendeurs et demandeurs. — *Paris, Chardon*, 1761, in-4, 84 p.

Contre la réunion faite, par l'assemblée des habitants du 4 novembre 1753, des officiers de police au corps de ville, délibération approuvée par lettres patentes du Roi. Le Mémoire est signé du maire Levesqve et des échevins.

213. — Second mémoire signifié, pour le sieur Coustant de Jouy, Avocat du Roi au Baillage de Compiègne, et le sieur Coustant son frère, Substitut de M. le Procureur Général au Bailliage et autres Juridictions Royales de Compiègne, contre le sieur l'Evêque, Président de l'Election de Compiègne, Subdélégué de M. le Commissaire départi, premier

Administrateur de l'Hôpital, Maire de Compiègne, et se prétendant Lieutenant Général de Police de ladite Ville, et contre les sieurs Echevins de Compiègne. *S. l. n. d.*, in-4.

214. — Précis pour les officiers, corps et communauté du Bailliage Royal de Compiègne, défendeurs et demandeurs ; contre les Abbesse et Religieuses du Val-de-Grace de Paris, étant aux droits de l'Abbé de Saint-Corneil de Compiègne, et les Grand Prieur et Religieux de ladite Abbaye, demandeurs et défendeurs. — *Paris, imp. Lambert*, 1770, in-8 p.

>Au sujet d'une apposition de scellés. A qui des officiers royaux ou de ceux de l'Abbaye doit demeurer par provision la haute, moyenne et basse justice sur plus d'un tiers de la ville? Signé DE PRONNAY, lieutenant général. M. Joly de Fleury, avocat général.

215. — Mémoire servant d'analyse pour les officiers du Bailliage de Compiègne en présence de M. le Procureur Général contre les Abbé, Prieur et Religieux de Saint-Corneille et les Dames du Val-de-Grace. — *Paris, Knapen*, 1780, in-4, 48 p. Signé BLANCHARD DE LA VALETTE, avocat.

>Sur la justice de l'Abbaye.

216. — Mémoire pour les Dames Abbesse et Religieuses de l'Abbaye Royale du Val-de-Grace (au Faubourg Saint-Jacques de cette Ville) à laquelle est unie la Mense Abbatiale de Saint-Corneille de Compiègne et les Prieur et Religieux de ladite Abbaye de Saint-Corneille, Demandeurs et Défendeurs, contre Monsieur le Procureur Général, Demandeur et Défendeur et encore contre les Officiers du Bailliage de Compiègne, Défendeurs, Intervenans et Demandeurs. — *Paris, Michel Lambert*, 1780, in-4, 64 p. Signé VULPIAN, avocat.

217. — Mémoire pour les officiers du Bailliage de Compiègne, Intervenants et Défendeurs en présence de Monsieur le Procureur Général, Demandeur et Défendeur, contre les

Dames du Val-de-Grace et les Religieux de Saint-Corneille, Défendeurs et Demandeurs. — *Paris, Knapen*, 1781, in-4, 34 p. Signé DE PRONNAY, Lieut. Gén. du Bailliage. M. Lefebvre d'Ammecourt, rapporteur.

<small>Sur la justice ; même affaire. Ce mémoire est précédé d'un écrit de deux pages intitulé : Précis historique pour l'intelligence du mémoire.</small>

218. — Précis et observations importantes et décisives pour les officiers du Bailliage de Compiègne, contre les Religieux de l'Abbaye de Saint-Corneille. — *Paris, Knapen*, 1781, in-4, 10 p.

219. — Précis pour les Dames Abbesse et Religieuses de l'Abbaye Royale du Val-de-Grace à laquelle est unie la Mense Abbatiale de Saint-Corneille de Compiègne, et les Prieur et Religieux de ladite Abbaye de Saint-Corneille, contre M. le Procureur Général et encore contre les officiers du Bailliage Royal de Compiègne. — *Paris, imp. Lambert*, 1781, in-4, 24 p. Signé VULPIAN, avocat.

220. — Arrêt de la Cour du Parlement rendu entre les Abbesse et Religieuses du Val-de-Grace, les Prieur et Religieux de l'Abbaye de Saint-Corneille, Monsieur le Procureur Général et les officiers du Bailliage Royal de Compiègne. [Du 21 février 1781]. — *Paris, Knapen*, 1781, placard in-folio.

<small>Condamnation des officiers du Bailliage et reconnaissance des droits de l'Abbaye. Cette feuille a été tirée à 50 exemplaires aux dépens des officiers du Bailliage, pour être affichée dans la ville de Compiègne ainsi que le porte l'arrêt.</small>

221. — Arrest de la Cour des Aydes confirmatif d'une Sentence rendue par les Officiers du Grenier à Sel de Compiègne, portant condamnation d'amende et de mort, contre des Faux-Sauniers attroupez à port d'Armes, avec chevaux, conformément à la Déclaration du Roy du cinq

juillet 1704. [Du 19 janvier 1708]. — *Paris, imp. veuve Saugrain et P. Prault*, 1731, in-4, 4 p.

Bibl. de M. du Lac.

222. — Arrest de la Cour des Aydes de Paris, qui infirme une Sentence des Elûs de Compiègne du 27 Aoust 1739, par laquelle ils ont fait défenses aux Commis des Aydes de faire aucuns accommodemens avec les Particuliers trouvés en contravention ; et leur enjoint de déposer leurs procès-verbaux au Greffe, etc. [Du 18 juin 1740]. — *A Paris, chez P. Prault, imp.*, 1744, in-4, 4 p.

223. — Arrest de la Cour du Parlement, rendu sur l'intervention, et ouy Monsieur le Procureur Général en la Grande Chambre, qui déclare la Terre du Hazoy et Grurie de Bethisy y jointe, seize dans la Coutume de Valois, en la mouvance de Sa Majesté, à cause de sa grosse Tour de Compiègne, sujette en cas de mutation à tous les Droits portés par cette Coutume, nonobstant d'anciens aveux de cette même Terre, qui paroissoient ne l'assujettir qu'aux simples Droits de Foi et Hommage, attendu que ces aveux ne pouvoient être regardés comme reçus définitivement en la Chambre des Comptes, faute de vérification et publication sur les lieux, conformément à la disposition de l'Arrêt de ladite Chambre du 4 février 1511. [Du 7 août 1744]. — *A Paris, au Palais, chez Claude Girard*, 1744, in-4, 12 p.

Bibl de M. du Lac.

XIII. — Offices.

224. — Mémoire signifié pour M° Jacques Ricart, avocat en la Cour et au Bailliage de Compiègne, Bailli d'Elincourt, appelant de sa destitution extrajudiciairement faite de cet Office et d'une Sentence du Bailliage de Compiègne du 17

août 1764, demandeur en exécution d'un Arrêt de la Cour du 6 septembre suivant et défendeur, contre Pierre-Louis Dirmand, procureur postulant au Bailliage de la même ville et Juridictions Seigneuriales y ressortissantes, se disant en même temps pourvu des offices de Bailli de la même Justice d'Elincourt et autres offices de Justices Seigneuriales ressortissantes du même siège, intimé, opposant à l'exécution de l'Arrêt du 6 septembre, et demandeur en main levée des défenses y portées. S. d. — *Compiègne, imp. L. Bertrand*, in-4, 32 p.

225. — Edit du Roi portant suppression de deux Offices de Procureurs du Bailliage de Compiègne, donné à Versailles au mois de janvier 1772.—*Paris, imp. Simon*, 1772, in-4, 3 p.

226. — Ordonnance de Monsieur le Lieutenant général du Bailliage de Compiègne (sur les jurés crieurs et faisant défenses à toutes personnes de s'immiscer dans les fonctions de jurés-crieurs d'enterremens et cris publics à peine de 500 livres d'amende) (1). [9 juillet 1781]. — *Compiègne, imp. Bertrand*, placard.

(1) Malgré son apparence modeste, la charge de juré-crieur était recherchée à cause de l'exemption de certains droits qu'elle emportait. Parmi les prix fixés par l'ordonnance ci-dessus se trouve celui de la distribution des billets de mort dont l'usage était déjà répandu à Compiègne au milieu du dix-huitième siècle ; il en existe un certain nombre dans les papiers de l'abbé Auger. Nous signalerons seulement ceux de Louis-François Contemps Desessarts, ancien capitaine d'infanterie (1758), de Marie J. F. A. Esmangart de Beauval, écuyer, seigneur de S. Maurice, major des ville et château de Compiègne, etc. (1770), de T. F. H. de Poilvillain de Crenay, marquis de Montaigu, aide-major général des gardes du corps (1771), etc. Ils sont imprimés sur une feuille in-folio ainsi que l'usage s'en est conservé jusqu'ici. Une lettre du corps de ville imprimée invite au service funèbre en l'honneur de Louis XV. Suivant l'usage de certaines congrégations, on trouve aussi des lettres élogieuses pour la mort de religieuses; par exemple, à la congrégation de N. D. celle de Mère Elisabeth-Thérèse Loisel, assistante, fille de Thomas Loisel et Barbe Sarazin, bourgeois de Compiègne, 1764, in-4, 2 p. *S. n. n. l.* Le t. XLI du recueil factice de la Bibliothèque Nationale Ld. 173, 2. renferme la collection des lettres circulaires émanées des religieuses de la Visitation de Sainte-Marie de Compiègne

227. — Arrest du Conseil d'Etat du Roi, qui casse un Arrêt du Parlement de Paris du 21 février 1784 ; ordonne l'exécution de l'Edit de 1771, et notamment des art. 5 et 9 concernant les droits et fonctions attribués aux Jurés-Priseurs-Vendeurs de biens-meubles, maintient le sieur Wattelet Juré-Priseur-Vendeur de biens-meubles dans le droit de faire seul et à l'exclusion de tous autres, dans l'étendue du Bailliage de Compiègne et justices y ressortissantes, et notamment dans la Prévôté de Saint-Corneille, toutes les prisées, expositions et ventes de biens-meubles, soit volontaires, soit forcées, sauf la concurrence réservée aux Officiers des Seigneurs, dans le seul cas porté par l'art. 10. etc... [Du 11 mai 1784]. — *Paris, imp. Demonville,* 1784, in-4, 10 p.

228. — Arrest du Conseil d'Etat du Roi, qui sans s'arrêter à l'opposition formée par les Seigneurs Hauts-Justiciers de Saint-Corneille de Compiègne, à l'arrêt du Conseil du 11 mai 1784 dont ils sont déboutés, ordonne l'exécution dudit Arrêt, lequel prononce la cassation de celui du Parlement de Paris du 21 février précédent ; maintient le Juré-Priseur de Compiègne, etc... — *Paris, Simon et Nyon,* 1785, in-4, 8 p.

229. — Précis sur la réforme du régime hypothécaire délibéré par la chambre des notaires de l'arrondissement de Compiègne en sa séance du 3 avril 1850. — *Compiègne, imp. J. Escuyer,* 1850, 96 p. in-8 et table. — (Par M. VRAYE.)

230. — GRANDMANGE. — Tableaux des offices et pratiques des notaires de l'arrondissement de Compiègne suivis d'une table alphabétique générale. — *Compiègne, imp. François,* 1855, in-fol, 133 p.

Travail non mis dans le commerce, imprimé aux frais de la

Compagnie des notaires et renfermant l'état de tous les titulaires des études de notaires et autres offices publics, et indiquant en outre les études dans lesquelles sont actuellement conservées toutes les anciennes minutes.

XIV. — **Administration municipale** (1).

POLICE.

231. — Philippus Dei gratia Francorum Rex.... A tous ceux qui ces présentes lettres verront et orront, li Maire, li Jurez et toute le communauté de le ville de Compiègne. *S. l. n. d.*, in-fol. 6 p.

> Approbation par le Roi de la transaction faite entre la ville de Compiègne et les religieux de Royallieu sur les maisons de la ville de Compiègne qui sont de leurs Seigneuries respectives. [Août 1311].

232. — Extraict des Registres du Conseil d'Estat. [30 juillet 1605]. *S. l. n. d.*, in-4, 8 p.

> Arrêt du Conseil donnant la présidence des assemblées des habitants tantôt au sieur de Palloiseau, gouverneur, tantôt au bailli ou à son lieutenant, suivant la nature des affaires à traiter dans ces assemblées.

233. — Sommaire d'instance à juger au Conseil pour les Gouuerneurs attournez de la Ville de Compiègne demandeurs en Requestes contenues és Arrests du Conseil des 6 mai et 14 juillet 1661 et... mars 1662 ; et Messire Louys de Crevant d'Humières, Chevalier, Marquis dudit lieu, et Gouuerneur de ladite Ville et Chasteau de Compiègne, intervenant, contre Maistre Louys Thibault Lieutenant, Gerard de Navarre, Advocat du Roy, et Jean Picart Gref-

---

(1) Voir d'abord les ouvrages généraux sur l'Histoire de Compiègne, nos 20, 23, 24 et 25.

fier au Bailliage dudit Compiègne, deffendeurs. *S. l. n. d.*, in-4, 3 p.

<small>Pièce signée PICARD sur le maintien des anciens priviléges des gouverneurs attournés.</small>

234 (1). — Arrest du Conseil d'Etat du Roi, qui fait défenses au sieur De la Vallée, Lieutenant Général du Bailliage de Compiègne, de prendre la qualité de Maire de ladite Ville, d'en exercer les fonctions dans l'Hôtel-de-Ville, ni ailleurs, a convoquer aucune assemblée, ni d'y assister en qualité de Lieutenant Général, si ce n'est aux assemblées générales, comme principal habitant seulement, et de troubler les Maire et Echevins dans l'exercice de leurs charges. Du 19 juin 1759], *Compiègne, imp. L. Bertrand,* 1759. in-4, 6 p.

235. — Mémoire pour M. Jean-François Chéron, avocat à la Cour contre les maire, échevins et procureur du roi de la ville de Compiègne en présence de M. de Jouy avocat général, vers 1780, in-4, 8 p.

236. — Jean-Baptiste le Féron, Enquesteur et Général Réformateur des Eaues et Forests au dép. de l'Isle de France, [9 juin 1691]. *S. l. n. n.,* placard.

<small>Ordonnance pour réclamer la liste des personnes insolvables auxquelles les habitants de Compiègne louent des maisons, afin de faire déclarer les propriétaires responsables des amendes encourues par leurs locataires coupables de délits forestiers.
Bibl. du Palais. Fonds Dirmant.</small>

237. — Arrest du Parlement de Paris, sur les conclusions de M. le Procureur Général ; Qui condamne Martin, Commis-Greffier de Police et Hubert, Sergent de Police de Compiègne, de demander pardon au sieur Esmangart de

---

<small>(1) M. de Beauvillé a publié dans ses *Docum. inéd. concernant la Picardie* (t. II. p. 371. n° CCXLIII), les lettres patentes du 12 juillet 1707 portant union de l'office de maire alternatif et triennal de Compiègne à l'office d'ancien maire.</small>

Beauval, Maire de Compiègne, en la Chambre d'Assemblée de l'Hôtel-de-Ville, en une amende de trois livres chacun, aux dommages, intérêts et dépens. [Du 7 octobre 1701]. S. n. n. l. n. d. Signé M° BLANCHET, proc., in-4, 4 p.
Bibl. de M. du Lac.

238. — Réglement Général de Police pour la ville, faux-bourgs et banlieue de Compiègne. — *Compiègne, Louis Bertrand, imprimeur du Roi et de la ville*, 1754, in-12, 56 p.
Bibl. de M. du Lac.

239. — A. DE ROUCY. — Sur la police et le commerce de Compiègne au dix-huitième siècle. *Soc. Hist. de Comp.*, t. I, p. 74 à 81.

240. — Ordonnance du Roi contre les mendiants, vagabonds et gens sans aveu qui se retirent dans la ville de Compiègne, 1769. S. l. n. d., in-4, 4 p.

241. — Sentence de Louis du Bouchet marquis de Sourchet, grand prévot de l'Hôtel portant condamnation des sieurs Dauphiné, S. Louis Mousseau et Suresne qui tenaient un jeu de brelan, rue Dame-Segaude, avec cartes écornées, marquées et onglées. [Du 31 juillet 1773]. Grande feuille imprimée. S. l.

242 (1) Ville de Compiègne. Réglement de la petite voirie. [30 janvier 1847]. Signé LABARRE. — *Compiègne, imp. Escuyer*, in-4, 12 p.

---

(1) Il y aurait lieu de mentionner quelques affiches de la **période révolutionnaire** contenant des extraits d'arrêtés du district de Compiègne relatifs à la police, une notamment du 21 brumaire an III, prescrivant les mesures à prendre dans le cas d'incendies.

COMPTABILITÉ, BUDGETS ET COMPTES MUNICIPAUX (1).

243. — Factum pour les Gouverneurs et Attornez de la ville de Compiègne, opposans aux saisies faites à la requeste de Maistre Jean Charmolue, cy devant Receveur de leurs deniers communs, le 16 décembre 1616, en vertu des Commissions des 30 novembre 1612 et 26 février 1616, et à autres saisies..... contre M° Guillaume le Feron procureur du Roy à Compiègne, M° Cesar le Feron et consors, cessionnaires des prétendues rentes et reliquats de comptes des deniers patrimoniaux. *S. l. n. d.*, in-4, 70 p.

Vers 1622, au sujet des comptes de Jean Charmolue de 1582 à 1604.

244. — Extrait des Registres du Conseil Privé du Roy. [22 août 1663], in-4, 16 p.

Entre les gouverneurs attournés et Maître Gérard de Navarre conseiller et avocat au Baillage, sur l'empêchement apporté par ce dernier à l'exercice des droits et charges financières des gouverneurs pour la reddition des comptes. Condamnation de G. de Navarre.

245. — Ville de Compiègne. Compte d'ordre et d'administration. — Budget primitif. — Chapitres additionnels.

Ces trois publications sont faites annuellement pour le service de la ville, depuis 1838, au moins, soit in-4, soit in-fol., tantôt imprimées, tantôt autographiées.

246. — VRAYE. — Rapport sur le budget de 1867, in-fol., publication du *Progrès de l'Oise*.

---

(1) Rapprocher de ce chapitre le n° 21 renfermant des extraits des comptes municipaux de 1398 à 1582. La série des comptes triennaux rendus par les gouverneurs attournés est fort complète et existe aux archives municipales depuis la fin du quatorzième siècle.

XV. — Finances, Impôts.

247. — Charte du dix-huit décembre mil quatre cens trente du Roy Charles Septième. *S. l. n. d.*, in-4, 4 p.

Le Roi accorde aux habitants à cause de la défense de la ville, l'exemption de toutes tailles pendant sa vie durant, autorise les bourgeois à acquérir des fiefs nobles, etc., etc.

248. — Henry par la grâce de Dieu, Roy de France et de Navarre. A nos amez et feaux Conseillers... Donné à S. Denys le 14 août 1590. Signé Henry. *S. l. n. d.*, in-4, 3 p.

Exemption de tailles pour les habitants de Compiègne pendant neuf ans.

249. — Henry par la grâce de Dieu, etc... Lettre du Roi aux gens des comptes à Paris pour privilège et exemption de tailles en faveur des ville et faubourgs de Compiègne. Signé Forget, [15 mai 1594.] *S. l. n. d.*, in-4, 3 p.

250. — A nosseigneurs des Aydes. Supplication des gouverneurs et attournés [4 juillet 1622.] *S. n. n. d.*, in-4, 8 p.

Au sujet des réclamations de la ville contre le Roi pour le remboursement des emprunts faits en 1589.

251. — Extraict des Registres de la Cour des Aydes. [8 juillet 1633]. *S. l. n. d.*, in-4, 4 p.

Ordonnant la radiation des rôles des tailles de Marie le Duc, veuve de Louys le Feron, vivant président au Grenier à Sel de Compiègne, et celle de Robert le Duc, élu en l'élection, pourvu toutefois que ce dernier se démette de l'office de receveur des deniers communs de la ville.

252. — Les commissaires députez par le Roy sur le fait des francs-fiefs et nouveaux acquets. [20 décembre 1634]. *S. l. n. d.*, in-4, 2 p.

Arrêt déclarant en vertu des lettres patentes de Charles VII, et d'autres pièces postérieures, les gouverneurs, attournez, manans et habitans de Compiègne exempts du droit de francs-fiefs.

253. — Extraict des Registres du Conseil d'Estat. Le Roy s'étant fait représenter, etc., etc. Abonnement pour les tailles à 20,000 livres, payables par les contribuables de Compiègne pendant l'année 1650 et les huit suivantes, sans que cette somme puisse être augmentée. [30 aoust 1649]. *S. l. n. d.*, in-fol., 2 p.

254. — Extraict des Registres de la Chambre souveraine des Francs-Fiefs, nouveaux acquets et amortissements. [4 février 1654]. *S. l. n. d.*, in-4, 3 p.

<small>Arrêt ordonnant l'enregistrement en son greffe des lettres patentes de 1430 et de 1645 qui déclarent exempts des droits de francs-fiefs les habitants de Compiègne.</small>

255. — Etat des privilégiés de Compiègne en 1688, publié par M. A. DE MARSY. — *Angers, imp. Cosnier Lachèse*, 1864, in-8, 22 p. (Extrait de la *Revue nobiliaire* t. II.)

256. — Extrait des Registres du Conseil d'Estat. [30 avril 1697. — *Paris, veuve P. Bouillerot*, 1697, in-4, 4 p.

<small>Au sujet des droits de francs-fiefs, arrêt sur la requête des maire, eschevins..... et des sieurs Daudron, de Ville, Charmolue, Seroux,.... maintenant lesdits habitants dans l'exemption de ces droits, sauf certaines réserves portées aux arrêts du conseil des 24 mai 1675 et 28 juillet 1693.</small>

257. — Arrest du Conseil d'Estat du Roy qui ordonne une imposition sur tous les Contribuables aux Tailles, à cause des réparations à faire aux Ponts des Villes de Compiègne, Saumur et de la Charité-sur-Loire. [Du 9 aoust 1729]. — *Paris, imp. veuve Saugrain et P. Prault*, 1731, in-4, 4 p. Bibl. de M. du Lac.

258. — Louis, par la grâce de Dieu... [18 mars 1651]. *S. l. n. d.*, in-fol, 4 p.

<small>Arrêt de parlement confirmant une sentence du bailli de Senlis qui condamnait Me Roch Bourguignon, notaire et receveur de la terre de Coudun à payer aux gouverneurs attournez ou à leur fermier le droit de minage et de mesurage pour le blé qu'il avait vendu. La sentence est à la suite.</small>

259. — Arrest du Conseil d'Etat du Roi concernant les droits de minage ou mesurage des grains qui se vendent sur le marché de la ville de Compiègne. [Du 28 juin 1757]. — *Paris, imp. Roy.* 1757, placard.

> Au bas se trouve l'ordonnance d'exécution de l'intendant de Paris, Bertier de Sauvigny, du 2 juillet 1757.

260. — Arrest du Conseil d'Etat du Roi qui ordonne que le droit de minage ou mesurage des grains de la ville de Compiègne, sera perçu à l'avenir sur le pied d'un sol par mine, mesure du lieu, de toute espèce et nature de grains et légumes indistinctement : Fait défenses à l'Exécuteur des sentences criminelles de la même ville, de percevoir en nature le droit de havée à lui attribué sur les mêmes grains et légumes ; lui permet de lever un sol en argent par chaque sac de la continence de trois mines. [Du 26 juillet 1757. — *Compiègne, imp. Bertrand,* 1757, placard.

> Au bas de cette ordonnance se trouve également une ordonnance d'affichage de Bertier de Sauvigny du 10 août 1757.

261. — A tous ceux qui..... 30 décembre 1651. *S. l. n. d.*, in-fol, 3 p.

> Sentence de Louis Thibault, lieutenant du bailli de Senlis, condamnant Helie Macquin, Anthoine Ricart... tous marchands taverniers et vendeurs de vins à Compiègne à acquitter les droits du forage des vins afforrez en gros et en détail, aux gouverneurs attournés, au chapitre de Saint-Clément de Compiègne et à Jean Lallemand leur fermier.

262. — Extraict des Registres du Parlement. [13 juillet 1658]. *S. l. n. d.*, in-fol., 3 p.

> Au sujet du droit de forage des vins confirmant une sentence du 9 juin 1653, rendue au profit des gouverneurs attournés et du chapitre de Saint Clément contre Pierre de Ciry, Jean de Crouy, et. ... tous marchands taverniers.

263. — Précis pour Michel-Gabriel Barbier, fermier du droit de forage appartenant au Roi en la ville de Compiègne, contre les Dames Abbesse et Religieuses du Val-de-Grace à Paris, Dames de Saint-Corneille de Compiègne. En présence de François Melin, administrateur général des domaines du Roi — *Paris, Nyon*, 1787, in-4, 10 p. Signé POPELIN, avocat.

264. — Arrest du Conseil d'Etat qui permet à la dame de Saissac détablir des bureaux pour la perception des droits de travers dans la ville de Compiègne, 1730, in-4.

265. — Arrest du Conseil d'Estat du Roy qui maintient le sieur de Fargis dans la possession et jouissance du droit de péage ou travers sur les marchandises passant par la rivière d'Oise à Compiègne, généralité de Paris. [Du 7 août 1739]. — *Paris, imp. Roy*, 1739, in-4, 7 p.

265 bis. — Arrest du Conseil d'Estat du Roy, qui ordonne que le droit de sol pour livre, sera perçu sur les Bois qui entrent dans la Ville de Compiègne sur des hottes, ou sur des bêtes asines ou autres bêtes de somme, lorsque le Bois ne sera point du crû des Habitans et pour leur usage et consommation, suivant la fixation qui en sera faite par les officiers de l'Election, qui règleront en même tems ce qui sera dû par chaque Charretée de Bois de Billonnette, par proportion aux autres espèces de Bois, comprises au Tarif arrêté pour ladite Ville, le 6 Octobre 1673. [Du 10 décembre 1743]. — *Paris, chez P. Prault, imp.*, 1744, in-4, 8 p.

266. — Arrest du Conseil d'Estat du Roy, du 25 avril 1774. — *A Compiègne, Bertrand*, in-fol., placard.
> Etablissement d'une taxe pour *l'entretien des reverbères* établis par une délibération municipale du 12 avril.

267. — Extrait des Arrêtés du Conseil de District de Compiègne. — *Imp. de Compiègne*, 24 ventose an III. Placard.
> Etablissement d'un impôt pour la fabrication de munitions. Bibl. de Comp.

268. — Règlement général pour l'octroi de la ville de Compiègne. — *Compiègne, Escuyer*, 1816, in-4, 21 p. et tableau.

268 bis. — Règlement de l'Octroi de la commune de Compiègne, approuvé par le Roi le 18 décembre 1847. — *Compiègne, imp. J. Escuyer*, 1848, in-4, 24 p.

269. — Mairie de Compiègne. Règlement de l'octroi de la commune de Compiègne. Approuvé le 2 juin 1855. — *Compiègne, François et Valliez imp.*, in-8, 28 p. et tableau.

269 bis. — Tarif des droits d'Octroi à percevoir aux entrées de la ville de Compiègne, jusqu'au 31 décembre 1874 inclusivement, en vertu du décret impérial du 26 octobre 1864. — *Compiègne, imp. Valliez. S. d.*, in-4, 4 p.

XVI. — Etablissements publics, hospitaliers et de bienfaisance.

270. — Salle souterraine de l'Hôtel-Dieu. Récit d'une excursion faite par l'ancien comité local de Compiègne, par M. MAGDELAINE. *Bull. Soc. Ant. Pic.* t. III, p. 155. 1847.

271. — Procès-verbal de la visite de l'Hôpital Prieuré de Saint-Nicolas-du-Pont près de Compiègne (1) 1601, in-4.
   Indiqué dans le P. le Long sous le n° 5494. N'est-ce pas un manuscrit ?

272. — A Madame Lami, chanoinesse régulière de l'ordre Saint-Augustin au prieuré royal de Saint-Nicolas de Compiè-

---

(1) Voir pour les différends entre les religieuses et l'abbaye de Saint-Corneille, le paragraphe du clergé régulier.

Il existe une histoire manuscrite du prieuré de Saint-Nicolas écrite au dix-septième siècle et dont on trouve plusieurs copies à Compiègne (papiers de Poulletier ; bibl. de l'auteur ; etc.) Un volume du fonds Dirmant à la bibl. du Château est aussi consacré à l'Hôtel-Dieu. Les archives de cet établissement déposées aujourd'hui à l'Hôpital-Général, remontent au douzième siècle et sont très-riches en pièces anciennes, aussi mériteraient-elles qu'on en fît et imprimât l'inventaire.

gne le jour de sa profession. Par M. Pilan. — *Paris, imp. Chenault*, in-4, 4 p.

<small>Pièce de vers français. A la fin, se trouve un permis d'imprimer délivré le 4 juin 1704 par R. de Voyer d'Argenson. Bibl. du Palais de Compiègne.</small>

273. — Cérémonial des religieuses chanoinesses de l'ordre de Saint-Augustin du prieuré Hostel-Dieu de Saint-Nicolas de Compiègne, divisé en ii parties. — *A Soissons, chez Charles Courtois, imp. du Roy*, 1727, in-8, 346 p. table, etc.

<small>Bibl. de M. du Lac.</small>

274. — Vie de la sœur Sainte Rose, religieuse converse de l'Hôtel-Dieu de Saint-Nicolas de Compiègne, décédée le 27 mai 1712, rédigée en 1714 par le R. P. Avrillon, minime. — *Paris, Jeanthon*, 1835, in-8.

275. — Obsèques de la sœur Massin, supérieure de l'Hôtel-Dieu de Compiègne. — Signé L. Vol. — *Compiègne*, in-8, 3 p. Extrait de l'*Echo de l'Oise* du 5 juillet 1853.

276. — Lettres patentes de Louis XIV de 1662 portant établissement de l'Hôpital général de Compiègne, in-fol. 4 p.

277. — Représentations aux personnes charitables. — *Paris, Gissey*, in-4, 4 p., 1735 ou 1736.

<small>En faveur de l'Hôpital général de Compiègne, et de son fermier Jean de Verson dont les récoltes ont été gelées. Certificats à la suite.</small>

278. Factum pour les Gouverneurs Attournez et Administrateurs du Bureau des pauvres de la Table-Dieu de Compiègne intimez, défendeurs et demandeurs en requeste, contre Maistre Nicolas de Billy, prestre, chanoyne ès Eglises collégialles de Saint-Clément de Compiègne et Nostre-Dame de-Thourotte, chappelain en l'Hospital de Sainct-Jean-le-Petit audit Compiègne, appellant et demandeur en requeste, ayant repris le procès au lieu de Maistre Pierre Maclau

se disant chapelain audit Hospital et contre messire Simon le Gras, abbé de Saint-Corneille de Compiègne, intervenant avec ledit de Billy, ayant repris la cause au lieu de défunct messire Claude le Gras, abbé dudit Sainct-Corneille, *S. l. n. d.*, in-4, 14 p. Au bas, Prévost rapporteur.

279. — Responses des gouverneurs eschevins de la ville de Compiègne et administrateurs du bureau des pauvres de ladite ville, au factum ou plustost libelle diffamatoire souz le nom de Maistre Nicolas de Billy, prestre chapelain en l'Hospital Saint-Jean-le-Petit de Compiègne qui prouve la mauvaise foy dudit de Billy, par un grand nombre d'impostures en un seul sujet, où est traité la question. Sçavoir à qui appartient l'administration du revenu dudit Hospital. *S. l. n. d.*, in-4, 7 p. M. Prévost rapport.

280. — Extrait des Registres du Parlement..... Entre Maistre Nicolas de Billy et les gouverneurs attournés. [7 avril 1648]. Condamne Nicolas de Billy et ordonne que le revenu de l'Hôpital de Saint-Jean-le-Petit sera reçu par les gouverneurs. *S. d.*, in-4, 4 p.

281. — Louis, par la grâce de Dieu.....(Arrest du grand conseil du 24 mars 1665), au sujet des revenus de l'Hôpital de Saint-Jean-le-Petit. *S. d.*, in-4, 8 p.

282. — Extraict des Registres du Grand Conseil du Roy. 3 février 1560. *S. l. n. d.*, in-4, 3 p.

Entre Jean le Polleur et Nicolas Dollinton demandeurs en institution pour raison du prétendu Hospital de Saint-Nicolas-le-Petit de Compiègne, contre Jean de Trousseauville complaignant pour raison du Prieuré et administration dudit Saint-Nicolas-le-Petit. Condamnation de le Polleur et Dollinton.

283. — Extraict des Registres du Grand Conseil du Roy. [13 avril 1562]. *S. l. n. d.*, in-4, 2 p.

Entre Jean le Polleur, soy disant maistre et administrateur du prétendu Hospital Saint Nicolas-le-Petit en la ville de

Compiègne. Contre Jean de Trousseauville prieur du prieuré de Saint-Nicolas-le Petit et les attournez et gouverneurs de la ville de Compiègne. Condamnation de le Polleur par le Grand Conseil.

284. — Société anonyme de la Caisse d'épargne et de prévoyance de l'arrondissement de Compiègne (Oise) fondée en 1835. — Statuts, règlement, instructions et liste des souscripteurs-fondateurs. — *Compiègne, imp. de E. Leradde*, 1838, in-8.

Brochure formée de diverses pièces avec couverture imprimée et paginations spéciales

285. — Rapport fait à l'assemblée générale des souscripteurs fondateurs sur les opérations de la Caisse d'épargne et de prévoyance de l'arrondissement de Compiègne. — Par M. de Cayrol. — *Compiègne, Escuyer*, 1846, in-8.

286. Notice sur un ouvoir qui vient d'être établi dans la ville de Compiègne. Compte d'ordre et d'administration. — *Escuyer*, in-4, 7 p.

287. — Projet d'établissement d'un fourneau économique Compiégnois. Statuts. S. d., 1871. — *Compiègne, imp. Delhaye*. Une feuille double gr. in-4.

288. — Projet de fourneau économique. — Par M. Chovet. — *Mémoire autographié*, in-folio, 1871. (1)

---

(1) Citons encore en terminant ce chapitre sur la bienfaisance, les publications suivantes écrites dans les environs de Compiègne : Des Enfants trouvés et des orphelins pauvres comme moyens de colonisation de l'Algérie, par M. Edouard de Tocqueville. — *Paris, Amyot. S. d.*, in 8, 46 p. — Dr Frary. De la Charité et des moyens qui paraissent les plus propres à lui donner une bonne direction. — *Compiègne, typ. Vol*, 1848, in-8, 23 p. — De l'Association dans la commune, moyens pratiques d'améliorer le sort des classes laborieuses de la campagne, par le Doct. Frary. — *Paris, P. Dupont*, 1863 *Imp. Vol de Conantray*, in-8, 254 p.

Voir aussi au chapitre des *Sociétés*, ce qui concerne les Sociétés de Secours Mutuels, la Conférence de Saint Vincent de Paul, la Loge Maçonnique et en général toutes les associations charitables n'ayant pas le caractère d'établissement public.

XVII. — Travaux publics.

289. — Arrêt du Conseil d'Etat du Roi, concernant la vente et adjudication à titre d'acensement, de l'hôtel des Menus-Plaisirs de Sa Majesté, situé à Compiègne. [Du 3 février 1783]. — *Imp. Roy.* 1783, in-4, 2 p.

L'Hôtel des Menus-Plaisirs était situé entre la rue Saint Antoine et la place du Marché au Foin.

290. — Mémoire pour M. Louis-Nicolas Génielle, propriétaire à Compiègne, 1844. — *Paris, imp. Maulde et Renou*, in-4, 38 p. et plan.

Question d'alignement. Réclamation contre un arrêté municipal.

291. — Mémoire pour les héritiers de Béthune contre la liste civile. Revendication d'une portion de l'avenue du Moulin à Compiègne... A MM. les président et juges composant le tribunal civil de Compiègne, in-4, 64 p. autog. S. l. n d. [15 novembre 1865]. Par M. ALIX, avocat.

292. — Aux Citoyens Habitans de la Commune de Compiègne. Appel non signé, sur les moyens d'apporter de l'eau de Clairoix à Compiègne, avec prière de s'adresser pour souscrire au citoyen Houlliez. S. l. n. d. 1 p. in-4.

Bibl. de M. du Lac.

293. — Rapport de la Comm. d'examen des projets d'abattoir et fontaines publiques, signé VIET, rapporteur de la Commission. In-4, 15 p., plus un tableau lithog. — *Compiègne, Escuyer.* S. d. [Vers 1844 ou 1845].

294. — Compiègne. 15 juillet 1849. Lettre relative à un projet d'établissement de fontaines. Parmi les améliorations..... tant de bras forcément inoccupés. — Signé VIET. — *Escuyer*, in-4, 2 p.

295. — Mémoire sur le projet de fontaines et bornes-fontaines présenté à M. le maire de Compiègne par Charles Pérint, architecte de la ville. — *Compiègne, Escuyer. S. d.* in-4, 19 p., (1849).

296. — F. Valliez. — L'eau dans la ville de Compiègne. — *Progrès de l'Oise* (28 avril 1860).

297. — Ville de Compiègne. Administration des eaux. Tarif et règlement sur les abonnements. *Compiègne, Valliez,* 1868, in-8, 16 p.

299. — Ville de Compiègne. Chemin de fer de Paris à Strasbourg, par Compiègne, Soissons, Reims, Metz et Nancy. Observations adoptées par le conseil municipal de Compiègne, dans sa séance du 17 avril 1844.— *Compiègne, imp. Escuyer. S. d.*, in-8, pièce.

Il existe beaucoup de pièces générales sur l'établissement du chemin de fer du Nord, mais nous ne connaissons pas d'autres documents ayant un caractère purement local.

300. — Rapport sur le chemin de fer direct de Londres au canal de Suez, par Amiens, Compiègne, Château-Thierry, Troyes et Dijon. Raccourcissement de 70 kilomètres environ sur la ligne actuelle par Paris. — *Montdidier, imp. Mérot, S. d.*, (1868), in-4, 8 p. Signé Le Vte D. de Beaurepaire de Louvagny.

La Compagnie du chemin de fer projeté de Calais à Dijon a publié un certain nombre de notes et rapports destinés à tenir les actionnaires au courant des travaux d'étude de cette ligne.

XVIII. — Instruction publique.

COLLÉGE.

301. — Tableau des bienfaiteurs et fondateurs du Collége de Compiègne, 1608.— *Soc. Hist. de Comp.*, t. I, p. 104-108. Comm. de M. E. de Labrunerie.

302. — Louys par la grâce de Dieu..... [Août 1625]. *S. l. n. d.*, in-4, 3 p.

> Union de la chapelle de Bonne-Nouvelle au collége et don de la place de religieux lay de l'abbaye de Saint-Corneille à ceux qui auront la charge du beffroi de la ville.

303. — Louis par la grâce de Dieu [février 1470], fondation de la chapelle de Salvation. Et à la suite : pour les PP. Jésuites de Compiègne, appellans et demandeurs en ce lieu, contre Gaston-Jean-Baptiste de Lancy, marquis de Rarey. *S. d.*, in-4, 4 p.

> Au sujet de l'hommage prétendu par ce dernier ; appel d'une sentence des registres de l'hôtel du 17 février 1679.

304. — A tous ceux [14 janvier 1755]. *S. l. n. d.*, in-4, 4 p.

> Sentence du lieutenant général au Bailliage de Compiègne, juge-conservateur de l'établissement et fondation royale du collége des Jésuites contre un certain nombre de créanciers des Jésuites énumérés dans l'acte. A la suite se trouve la formule de signification qui devait être faite au nom des Jésuites de Compiègne.

305. — Arrest de la Cour de Parlement. Extrait des registres du Parlement, du 2 mars 1762. *Compiègne, imp. L. Bertrand*, in-4, 3 p.

> Arrêt ordonnant que les maire et échevins de Compiègne se réuniront pour délibérer ce qu'ils estimeront convenable pour la tenue du collége de ladite ville par autres que les soi-disants *Jésuites*, à compter du 1er avril.

306. — Extrait des Registres du Parlement, du 23 avril 1762. *Compiègne, imp. L. Bertrand*, in-4, 8 p.

> Arrêt statuant sur la disposition des biens des Jésuites et réglant les formes de représentation de leurs titres.

307. — Extrait des Registres du Parlement, du 3 septembre 1762. — *Paris, imp. Simon*, 1762, in-4, 4 p.

> Arrêt appelant les universités de Paris, Reims etc., à envoyer dans les trois mois des mémoires concernant les réglements d'études et de discipline qu'ils croiront avoir à proposer pour

un certain nombre de colléges y indiqués, parmi lesquels figure celui de Compiègne.

308. — Lettres patentes du Roi qui confirment le Collége Royal de la ville de Compiègne, et l'union qui y a été faite de la chapelle de Notre-Dame-de-Bonne-Nouvelle. Données à Versailles le 28 août 1763. — *A Compiègne, imp. de Louis Bertrand. S. d.*, in-4, 4 p.

<small>Voir sur la chapelle de N. D. de Bonne-Nouvelle ou de Salvation, la notice de M. le Proux, n° 185.</small>

309. — Arrest de la Cour du Parlement portant envoi en possession du Collége Royal de Compiègne, des biens qui lui appartiennent, en exécution des lettres patentes des 14 juin, 21 novembre 1763 et 30 mars 1764. Extrait des Registres du Parlement, du 8 août 1766. — *Paris, imp. P. G. Simon*, 1766, in-4, 8 p.

310. — Arrest du Conseil d'Etat du Roi, concernant le Collége Royal de la ville de Compiègne, [18 août 1771]. — *Compiègne, Bertrand*, in-4, 4 p.

<small>Au sujet des réparations à faire et de la nomination des professeurs.</small>

311. — Lettres patentes du Roi en forme d'Edit qui ordonnent qu'à l'avenir le Collége de Compiègne sera administré par la Congrégation de Saint-Maur. Données à Versailles au mois d'août 1772, registrées en parlement le 27 des mêmes mois et an. — *Paris, imp. Roy.*, 1772, in-4, 6 p.

A. — Autre édition en quatre pages imprimée à *Paris, chez P. G. Simon*, en 1773.

312. — Collége Royal de Compiègne. Prospectus non daté, mais de 1772. — *A Compiègne, imp. L. Bertrand*, in-4, 4 p.

<small>Comprend, outre le prospectus, les réglements généraux et les exercices.</small>

312 bis. — Olympiades et Firmina Martyres. Tragedia dabitur in Theatrum Collegii Regii Compendiensis, societatis Jesu,

ad solemnem prœmiorum distributionem. Agonotheta III. Ecclesiœ principe D. D. Franc. de Clermont de Tonnerre episcopo et comite Noviomensi, Pari Franciœ. — *Sanquintini, apud Viduam Claudii Lequeux, typographi*, 1684, in-4, 8 p.

312 ter. — Le Ballet du Tonnerre sera dansé au Collége Royal de Compiègne de la C. de Jésus, le 26° jour de juillet 1684. — *A Saint-Quentin, à l'enseigne du Lion d'Argent*, 1684, in-4, 7 p.

> Voir Bibliothèque des écrivains de la Compagnie de Jésus par les PP. de BACKER. Liège, 1853-61, 7 vol. in 8.
>
> Une des représentations les plus célèbres des élèves des Jésuites de Compiègne est celle qui eut lieu en présence de la reine de Suède en 1656. On sait que Christine goûta fort peu ce divertissement.

313 (1). — Cum Deo. Ut semi annuœ prœmiorum ex collegii institutione, ad fovendam juventutis academicœ œmulationem distributioni sit veluti prœludium in aulà Collegii Regii Compendiensis, die 17 martis 1780. — *Compiègne Bertrand*, in-4, 4 p.

314. — Exercices du Collége Royal de Compiègne suivis de la distribution des prix accordés par Sa Majesté. — *Compiègne, Bertrand.* [13 août 1781], in-4, 4 p.

Nous ne trouvons pas d'autre programme de distribution de

---

(1) La distribution des prix était précédée d'une suite d'exercices publics, dans lesquels les élèves expliquaient les auteurs qu'ils avaient traduits dans le cours de l'année et discutaient des propositions de philosophie ou de réthorique Nous trouvons cet usage conservé au moins jusqu'en 1827.

Le jour de la distribution des prix, on distribuait après l'exercice une feuille simple le plus souvent, comprenant les noms des lauréats de chaque classe. La plus ancienne que nous trouvions à la bibliothèque de Compiègne est celle de 1781

Toutefois, on voit, dès le dix-septième siècle, des distributions de prix faites aux frais de la ville ; ainsi dans un compte du 7 octobre 1658, on trouve le paiement de 150 fr. aux PP. Jésuites pour être employés à l'achat de livres marqués aux armes de la ville pour distribuer aux élèves qui ont le mieux composé dans chacune des six classes ; la distribution faite en présence de M.M. les gouverneurs attournés après l'action publique représentée dans la grande salle du Château. La fondation du collége remontait à 1571.

prix et d'exercices littéraires avant 1806. A cette époque, le collége porte le titre d'*Ecole secondaire communale de Compiègne*; en 1808, il reprend le titre de *Collége* et en 1815 celui de *Collége royal communal*. En 1816, il s'appelle seulement *Collége communal*, en 1825, *Collége mixte*. Nous n'avons pu trouver de programmes de 1827 à 1853, à ce moment le Collége porte le titre de *Collége Louis-Napoléon* qu'il conserve jusqu'en 1870. Nous ne donnerons pas la liste de ces brochures imprimées successivement en in-4 et en in-8. La bibliothèque de la ville de Compiègne en possède une quarantaine.

315. — Collège de Compiègne, prospectus. Principal M. Vincent, prêtre, ancien maitre ès arts dans l'Université de Paris, 1812. — *Imp. Escuyer*, in-4, 4 p.

316. — Collége Louis-Napoléon de Compiègne. Discours prononcé à la distribution des prix, le 9 août 1859, par M. Bathier, professeur de logique.— *Compiègne, Valliez*, 1859, in-8, 16 p.

317. — Distribution des prix du Collége de Compiègne, du 13 août 1872. Discours prononcé par M. Bathier. — *Compiègne, Valliez*, 1872, in-8, 15 p.

318 (1). — Distribution des prix, etc..... [5 août 1873]. Discours prononcé par M. Delondre.—*Compiègne, Valliez*, 1873, in-8, 14 p.

---

319. — Mémoire pour la ville de Compiègne. — *Compiègne, imp. L. Bertrand*, 1767, in-4, 8 p.

(1) Il existe quelques livres classiques à l'usage spécial du Collège de Compiègne imprimés au siècle dernier chez Bertrand. Bertrand a lui-même écrit une « grammaire latine » imprimée chez lui en 1785, in-8, 166 p.; et sur laquelle on trouve un article dans l'*Année littéraire* de 1788, n° 39. Notre savant président, M. Sorel, a rencontré, dans les registres de la paroisse Saint-Jacques l'acte de baptême de Bertrand; et il prépare, croyons-nous, une étude biographique sur ce personnage qui a joué un rôle important à Compiègne dans les premières années de la révolution. Bertrand eut pour successeur dans son imprimerie à Compiègne Quinquet, son beau-frère; qui imprima, en 1797, une nouvelle édition des Pensées chrétiennes. Voir la note du n° 110.

Au sujet de deux bourses accordées à la ville au Collège de Dormans, fondations de Nothin et d'Hersan. Signé LEVESQUE, maire.

320. — Pensionnat secondaire de M. Nobécourt, année 1848-1849. Distribution solennelle des prix, le jeudi 16 août 1849. *Compiègne, J. Escuyer*, in-8, 16 p.

321. — École des Frères de la Doctrine Chrétienne.

Pour répondre aux renseignements réclamés dans l'enquête ouverte par le gouvernement sur l'instruction primaire antérieurement à 1789, le frère Benjamin a rédigé un historique de l'établissement des Frères à Compiègne. Un rapport sur ce travail sera inséré dans un des prochains volumes du *Bulletin de la Société Historique*.

322. — Cours Communaux de Géométrie pratique, de Dessin et de Musique de la ville de Compiègne. Distribution des prix, année 1859-60. — *Compiègne, Valliez*, 1860, in-8, 6 p.

Et autres des années suivantes.

323. — Institution des Dames Saint-Joseph de Cluny. Distribution des prix présidée par Mgr l'Évêque de Beauvais. [21 août 1852]. — *Compiègne, L. Vol*, in-8, 22 p.

Et autres pour les années suivantes jusqu'à ce jour.

ÉCOLE DES ARTS ET MÉTIERS (1).

324. — Projet d'arrêté concernant l'organisation d'une École d'Arts et Métiers à Compiègne. Section de l'intérieur ; citoyen Miot, rapport. 3e réd. *Paris, imp. de la Rép.*, 1er ventose an XI, in-4, 10 p.

Rédaction soumise au Conseil d'Etat. Bibl. du Palais.

(1) Voir sur cet établissement le n° 41 et une histoire des Ecoles d'Arts et Métiers, publiée il y a peu d'années à la librairie encyclopédique de Baudry, un vol. in-8.

325. — Organisation de l'École des Arts et Métiers de Compiègne. — *A Paris, imp. de la Rép.* an XII, 1803, in-8, 35 p.

Réglement du 9 fructidor an XI, signé CHAPTAL.

326. — Napoléon, Empereur des Français. Ode, par Ch. JUMEL, professeur de grammaire française à l'Ecole des Arts et Métiers de Compiègne. — *Compiègne, imp. G. Escuyer*, an XII-1804, in-4, 7 p.

326 bis. — Discours prononcé à la distribution des prix de l'Ecole d'Arts et Métiers de Compiègne, le 14 septembre 1806, par M. de L. R. LIANCOURT, inspecteur de l'Ecole. *S. l. n. d.*, in-4, 3 p.

XIX. — Etat Militaire (1).

327. — Notes sur l'état militaire et les gouverneurs de Compiègne, par M. DE BRÉCOURT. *Soc. Hist. de Comp.* t. I, p. 194 à 204.

Voir aussi au sujet du major de Compiègne Gaya le n° 209 et au chapitre XXVIII, la vie de Guillaume de Gamaches, n° 455.

328. — Ordonnance du Roi touchant la garde des passages des rivières de Somme et d'Oise, pour arrêter les officiers et soldats qui déserteront les troupes des armées de Flandres et être procédé contre les officiers selon la rigueur des ordonnances, et contre les soldats par la peine des galères. [17 novembre 1647].

BN. Lb 37,309*. Autre analogue du 25 juin 1648, id. 332*

329. — Extrait des Registres du Conseil d'Etat du 21 novembre 1652, portant défense aux gouverneurs des villes

---

(1) Voir pour les différents sièges de Compiègne les n°s 27, 28, 29 et 38; pour les camps les n°s 89 à 108.

situées sur les rivières de Seine, Marne et Oise, d'entraver par des exactions le commerce et l'approvisionnement de Paris.

BN. Lb 37,3181*.

330. — Notice sur l'Arquebuse de Compiègne publiée par A. LEGRAND. *Compiègne, chez Graux, 1846.— Imp. Vol,* in-8, 60 p.

331. — Relation de ce qui s'est passé au prix général de l'Arquebuse, rendu à Compiègne le 14 septembre 1729. *Soissons chez Charles Courtois,* 172, in-4, 15 p. et suite de la Relation du prix général de l'Arquebuse de Compiègne, 4 p. paginées de 17 à 20.

Reproduit dans le *Guetteur du Beauvaisis,* t. 1er p. 72 et suiv., 1864 et tiré à part.

GARDE NATIONALE.

332. — Eloge historique de Louis-Joseph-Stanislas Leféron, premier commandant de la garde nationale de Compiègne, par M. CHABANON l'aîné, de l'Académie Françoise, de celle des Inscriptions, etc., 1791, in-8, 23 p. *S. n. n. d.* (*Imprimé par ordre et aux frais de la Société des Amis de la Constitution de Compiègne*). Mention collée.

Bibl. de la ville de Compiègne. Chabanon habitait Verberie.

333. — Couplets chantés par un soldat citoyen de la garde nationale de Compiègne (Mounier) à la fête donnée le 13 septembre 1789... Les travaux d'Hercule réalisés par les Parisiens.

BN. Poésie.

334. — Règlement provisoire pour l'exercice et la formation de la garde nationale de Compiègne, extrait de l'ordonnance du Roi du 1er juin 1776 et approuvé par le corps muni-

cipal de cette ville. — *Compiègne, Bertrand,* 1790, in-8, 30 p.

334 bis. — Réglement proposé par M. le Ch. Renault, Chef de Bataillon, Commandant la Garde Nationale de Compiègne. 10 avril 1833, avec arrêté du Maire. — *Compiègne, imp. J. Escuyer,* in-8, 8 p.

335. — Nouvelle instruction sur les manœuvres des bouches à feu de campagne de la garde nationale des départements, par le capitaine Ph. Manin, commandant la batterie d'artillerie de la garde nationale de Compiègne (Oise) avec le concours du maréchal-des-logis Grandmange de la même batterie. — *Paris, Dumaine,* 1849, in-16, VIII et 200 p.

> Ce travail comprend notamment, depuis la page 168, une série d'ordres du jour et règlements propres à la batterie d'artillerie de Compiègne.

336. — Garde nationale. Suppléants des juges de paix. Mémoire à consulter sur cette question : Les suppléants des juges de paix peuvent-ils faire partie de la garde nationale ? — *Compiègne, typ. Vol,* 1850, in-4, 26 p.

> Réclamation contre la nomination de M. Manin comme capitaine de la batterie d'artillerie.

337. — La batterie d'artillerie de la garde nationale de Compiègne (Oise) à Messieurs les membres de l'Assemblée législative. — *Compiègne,* 1851, 12 p. Extrait de l'*Echo de l'Oise* du 18 avril 1851. Signé Manin.

338. — Juridiction administrative. Garde nationale de Compiègne. Sapeurs-pompiers. Inscription d'office. Conseil de recensement. Séance du 24 janvier 1854. Décision du conseil. — *Compiègne, imp. de L. Vol.* S. d., in-4, pièce.

339. — Garde nationale de Compiègne. Réglement relatif aux manœuvres. [31 juillet 1854]. — *Compiègne, Vol,* in-8, 3 p.

340. — Garde nationale de Compiègne. Réglement relatif aux manœuvres. — *Compiègne, imp. Valliez*, 1870, in-8.

XX. — Fêtes publiques, représentations théâtrales (1).

341. — A. SOREL. — Notice sur les mystères représentés à Compiègne. — *Compiègne, imp. V. Edler*, 1873, in-8, 24 p. Extrait du t. II du *Bull. de la Soc. Hist. de Comp.*

342. — DOM FR. COUSTANT. — Relation des réjouissances publiques célébrées à Compiègne pour le rétablissement de la santé du Roi.

Communication faite à la Société historique de Compiègne par M. le commdt. Coustant d'Yanville. Séance du 22 novembre 1873.

343. — La mort de Bucéphale en vers. — *Paris*, 1749, in-8.

Parodie piquante par Pierre ROUSSEAU né à Toulouse. Cette tragédie burlesque fut jouée à Compiègne en 1748. N° 32846. Archives du bibliophile de Claudin.

344. — Département de l'Oise, district de Compiègne. Extrait du registre des arrêtés du Conseil du district de Compiègne. Du 10 août 1793, l'an 2° de la République française. *Imp. Bertrand*, in-4, 6 p.

Procès-verbal de la fête du 10 août.

345. — A. SOREL. — La fête de l'Etre Suprême à Compiègne, en 1794. *Soc. Hist. de Comp.* t. I, p. 331 à 338.

346. — Discours prononcé le 30 Nivôse de l'an 6, par le Commissaire du Directoire exécutif, près l'Administration Municipale du Canton de Compiègne, en présence de toutes les autorités constituées, de la garde nationale sédentaire, de celle en activité de service, et d'un grand concours de

(1) Voir aussi n°s 312 bis et 312 ter.

citoyens de l'un et de l'autre sexe, rassemblés dans l'Edifice connu sous le nom d'Eglise de Saint-Jacques, à l'occasion de la proclamation de la paix conclue entre la République française et l'Empereur d'Allemagne. S. d. — *Compiègne, imp. Escuyer*, in-8, 24 p.

<small>A la suite se trouve, page 13, le discours prononcé par le citoyen Mosnier, à la fête du 2 pluviose an 6.</small>

347. — Fête anniversaire de la fondation de la République à Compiègne, chef-lieu du 3ᵉ arrondissement communal du département de l'Oise, le 1ᵉʳ Vendémiaire an 9. *Compiègne, Escuyer*, an IX, in-8, 24 p., avec couplets.

348. — Discours prononcé, le dimanche 5 juin 1814, onze heures du matin, à la porte de l'Hôtel-de-Ville, en présence des Autorités constituées et de la Garde nationale de Compiègne, qui étaient assemblés pour aller au Te Deum chanté en actions de grâces de l'heureux retour de notre bon Roi ; par M. Penon Avocat en Parlement, et ancien Procureur du Roi en l'Election. — *Compiègne, G. Escuyer*, in-4, 3 p.

<small>Ce discours se termine par la proposition de décerner à M. de Lancry, maire, une couronne civique, ce qui fut exécuté immédiatement.</small>

349. — Ville de Compiègne. Avènement de Louis Philippe Iᵉʳ au trône des Français. Programme de la fête. Signé le maire, P. d'Autreval. [3 septembre 1830]. — *Compiègne, Escuyer*, placard.

349 bis. — Proclamation de Louis Philippe 1ᵉʳ, Roi des Français, par le sous-préfet de Compiègne. 5 sept. 1830]. *J. Escuyer*, in-4, 4 p.

350. — Discours prononcé par M. l'abbé Martignon dans l'église Saint-Antoine de Compiègne le 1ᵉʳ mai 1859 à l'occasion du départ des lanciers de la garde impériale pour l'armée d'Italie. — *Compiègne, Valliez*, 1859, in-8, 4 p.

351. — Ville de Compiègne, fête de Jeanne-d'Arc les 28, 29 mai, 1er et 4 juin 1865. Programme, in-fol. — *Comp. imp. Delhaye*, autre édition, in-4, *même imp.*

52. — *Tout Compiègne y passera*, revue par M. Lécuyer, jouée sur le théâtre de Compiègne le 2 février 1868 ; *Compiègne à vol d'oiseau*, revue locale en deux actes par M. Allier, jouée le 4 mars 1869. Ces deux pièces n'ont pas été imprimées, mais on en trouve une partie des couplets reproduits dans les journaux de Compiègne et notamment dans l'*Echo* du 7 février 1868, du 5 mars 1869, etc.

XXI. — Sociétés littéraires, artistiques et charitables, Sociétés de secours mutuels (1)

353. — Société historique de Compiègne. Statuts et règlement. — *Compiègne, imp. Delhaye*, 1868, in-8, 16 p.

354. — Société historique de Compiègne. Statuts et règlement. — *Compiègne, typ. Edler*, 1874, gr. in-8, 16 p.

Seconde édition des statuts comprenant en outre la liste des membres de la Société au 1er février 1874.

355. — Bulletin de la Société historique de Compiègne. — *Compiègne, Imp. V. Edler*, tome 1er, 1869-73, gr. in-8, 358 pages et 18 planches.

Le tome II est sous presse (1874).

356. — Société historique de Compiègne. Compte-rendu des travaux de la Société pendant l'année 1872, par A. Demarsy, secrétaire. — *Compiègne, typ. Edler*, 1873, in-12, 16 p.

357. — Société historique de Compiègne. Séance du 15

---

(1) Voir au chapitre XXIV, les publications des Sociétés d'agriculture et d'horticulture de Compiègne.

janvier 1874. Compte-rendu des travaux de la Société pendant l'année 1873, par A. DE MARSY, secrétaire. — *Compiègne, imp. de l'Echo de l'Oise*, 1874, in-8. 8 p.

358. — Règlement de la Société philharmonique de la ville de Compiègne. — *Compiègne, Jules Escuyer, imp.*, 1845, in-8, 15 p.

359. — Orphéon de Compiègne, Assemblée générale du 18 décembre 1864. Compte-rendu. — *Autog. Leroy*, gr. in-8, 11 p.

360. — Orphéon de Compiègne. Assemblée générale du 8 décembre 1867. Rapport du président. — *Compiègne, imp. Valliez*, 1867, in-8, 16 p.

361. — Cercle Compiégnois. Statuts. — *Imp. Levacher*, 1839, in-8.

362. — Cercle Compiégnois. Statuts constitutifs et règlement. — *Compiègne, imp. Vol*, 1849, in-8, 15 p.

363. — Cercle Compiégnois. Règlement. — *Compiègne, J. Escuyer*, 1852, in-8, 14 p.

364. — Loge de S. Jean S. Germain à Compiègne. Tableau des frères qui composent la très-respectable L.˙. S. Jean régulièrement constituée à l'Orient de Compiègne sous le titre distinctif de S. Germain à l'époque de l'an de V.˙. L.˙. 5803. *S. l. n. d.*, placard in-folio.

365. — Conférence de Saint-Vincent-de-Paul de Compiègne. Procès-verbal de l'assemblée générale du 8 décembre 1858. — *Compiègne, Valliez*, 1859, in-8, 24 p.

366. — Société de Saint-Vincent-de-Paul. Procès-verbal de l'assemblée générale des conférences du diocèse de Beauvais, tenue à Compiègne le 19 juillet 1859. — *Compiègne, F. Valliez*, in-8, 31 p.

367. — Société de Saint-François-Xavier de Compiègne. Séance du 20 janvier 1867. Epitre familière aux membres de la Société. — *Compiègne, imp. Valliez*, 1867, in-8, 8 p. (Par M. le Conseiller Bazènery).

368. — Société de S. F. X.... Séance du 16 février 1868. Epitre familière, (par le même). *Compiègne, F. Valliez*, 4 p.

369. — Société de S. F. X.... Séance du 17 janvier 1869. Troisième épitre familière (par le même). — *Compiègne, F. Valliez*, in-8, 8 p.

369 bis. — Deuxième avis à mes éditeurs en la personne de M. de ***. (par le même). — *Compiègne, F. Valliez*, S. d , in-8, 4 p.

370. — Conférence sur les Malheurs de la France faite aux ouvriers de la Société de Saint-François-Xavier de Compiègne, à la séance du 16 juillet 1871, par le docteur Fourrier. — *Compiègne, imp. Valliez*, 1871, in-8, 16 p.

La Société fait distribuer annuellement un compte-rendu financier, suivi de la liste des membres honoraires. Cet imprimé forme quatre pages in 4.

371. — La Fraternelle. Société de Secours mutuels. Statuts. — *Compiègne, imp. Delhaye*, 1869, in-8, 8 p.

372. — Société de Secours mutuels des Sauveteurs du département de l'Oise, médaillés du gouvernement. Statuts. — *Compiègne, imp. J. Delhaye*, 1867, in-8, 39 p.

373. — Société des Sauveteurs du département de l'Oise, etc. Première assemblée générale [2 février 1868]. — *Compiègne, imp. J. Delhaye*, 1868, in-8, 24 p.

374. — Société des Sauveteurs de l'Oise, etc. Siége à Compiègne. [3 avril 1870]. — *Compiègne, imp. J. Delhaye*, in-4, 4 p.

375. — Société des Sauveteurs du département de l'Oise,

médaillés du gouvernement. Assemblée générale du 16 juin 1872. — *Compiègne, imp. de l'Echo,* 1872, in-4, 36 p.

376. — Société des Sauveteurs de l'Oise, médaillés du gouvernement. Siége à Compiègne. Poste du Moulin-de-Coquerel. [3 juillet 1872]. — *Compiègne, imp. Edler,* in-8, 3 p.

377. — Société des Sauveteurs de l'Oise, etc. Assemblée générale du 14 septembre 1873. — *Compiègne, imp. Edler,* 1873, in-8, 34 p.

378. — Société de secours aux Blessés militaires. Comité de l'arrondissement de Compiègne.

<small>M. le baron de Bicquilley, président du Comité, a publié à diverses reprises des comptes-rendus et circulaires concernant cette Société.</small>

379. — Réglement de la Société de Sainte-Anne érigée à Compiègne sur la paroisse Saint-Antoine. — *Compiègne, typ. Delhaye,* 1868, in-8, 7 p.

380. — Commission municipale de Compiègne. OEuvre des femmes de France, souscription patriotique pour la libéraration des départements occupés. Compiègne, 25 janvier 1872. — *Compiègne, imp. Delhaye,* in-4, 3 p.

381. — Société Compiégnoise de Gymnastique. Extrait du procès-verbal de la séance de formation du 20 novembre 1871. — *Compiègne, Delhaye,* in-folio, une feuille.

382. — Société Compiégnoise de Gymnastique (addition au réglement. S. d., 1872. — *Compiègne, imp. Valliez,* 1 page in-folio, placard.

383. — Société Compiégnoise de Gymnastique fondée le 20 novembre 1871. — *Compiègne, imp. Valliez,* 1874, in-8, 8 p.

<small>Séance du 14 janvier 1874. Nouveaux statuts et liste des sociétaires.</small>

384. — Association des anciens élèves du collége de Compiègne. Statuts et liste des associés. — *Compiègne, Valliez,* 1873, in-8.

385. — Association des anciens élèves du collége de Compiègne. Compte-rendu de l'assemblée générale annuelle du 20 novembre 1873, etc. — *Compiègne, Valliez,* 1874, in-8, 16 p.

XXII. — Commerce et industrie, foires et marchés, corps de métiers (1).

386. — Franciscus, Dei gratia Francorum Rex.... [6 septembre 1533]. *S. l. n. d.*, in-fol., 2.

Arrêt du parlement confirmant une sentence du prévôt contre divers marchands de Compiègne au sujet du commerce sur la rivière.

387. — Foires franches à Compiègne, 1718, placard aux armes de la ville. *S. l. n. d.*

388. — Statuts et Règlemens des Marchands Merciers, Ciriers, Epiciers et Droguistes de la Ville de Compiègne. — *A Compiègne, chez Jean Sauvage, imprimeur du Roy. S. d.*, in-16, 33 p., 1729 ou 1730.

Bibl. de M. de Roucy. Voir l'analyse de ces statuts et de ceux des tonneliers dans le travail de M. de Roucy, n° 239.

389. — Arrest contradictoire du Conseil d'Etat du Roy qui donne acte aux douze et vingt-cinq marchands de vin privilégiés à la suite de la Cour, de leur réclamation qu'ils ne prétendent aucunes exemptions des droits sur les Bierres, Cidres et autres Boissons autres que le Vin. Et sans s'arrê

---

(1) Voir les n°s 190 et 239. De plus, on trouve au chapitre de la *Forêt de Compiègne* les pièces relatives au commerce des bois.

ter à l'arrest du Conseil du dernier mars 1699, et au surplus de leurs conclusions dont ils sont deboutez, ordonne qu'ils seront tenus de payer les droits d'anciens et nouveaux cinq sols, de première moitié d'octroy à l'entrée et de jauge et courtage, et les quatre sols pour livre desdits droits; ceux d'Inspecteurs aux Boissons et deux sols pour livre d'iceux, ensemble les droits de Courtiers Jaugeurs de tous les Vins qu'ils ont fait entrer, vendre et débiter en la Ville de Compiègne pendant le séjour de Sa Majesté, ou qu'ils feront entrer, vendre et débiter à l'avenir dans ladite Ville, ou dans les autres lieux où lesdits droits se perçoivent. Ordonne à cet effet que les contraintes d'Alexis Baillet sous-fermier, seront exécutées conformément à l'arrêt du Conseil du 17 octobre 1730, à la charge néanmoins que les droits qu'ils auront payés pour les Vins qui n'auront pas été consommés pendant le séjour de Sa Majesté et qu'ils feront sortir de ladite Ville de Compiègne et autres lieux, leurs seront rendus et restitués, sans qu'ils puissent être contraints au payement du droit annuel pour les Vins et autres Boissons qu'ils pourront vendre et débiter dans lesdits lieux. [Du 16 décembre 1732]. — *Paris, chez P. Prault,* 1733, in-4, 12 p.

390. — Sentence de Monsieur le Grand Prévost de l'Hôtel portant que l'article XVII. des Statuts des Barbiers, Perruquiers, Baigneurs et Etuvistes, établis dans les villes du Royaume, sera exécuté, et en conséquence, fait défenses aux Perruquiers de Versailles de s'établir à Compiègne pendant le séjour de Sa Majesté, à peine de tous dépens, dommages et intérests envers les Maistres Perruquiers de ladite Ville de Compiègne, etc. [Du 24 juillet 1739]. — *A Paris, chez P. Prault,* 1739, in-4, 3 p.

391. — Statuts, Ordonnances et Règlements des Maistres et

marchands Tonneliers de la Ville de Compiègne, accordés à ladite communauté par le Roi Charles IX et confirmés par ses successeurs. — *Compiègne, Bertrand,* 1755, in-12, 38 p.

392. — Arrêt du Conseil d'Etat du Roi qui déboute les Marchands Epiciers de la Ville de Compiègne de leur demande, ordonne l'exécution de l'article VII du titre des droits sur l'eau-de-vie, de l'ordonnance de 1680, etc.... et des sentences de l'Election de ladite Ville de Compiègne du 14 novembre 1757 : Déclare toutes liqueurs et boissons, dans la composition desquelles il entre des eaux-de-vie simples, rectifiées, ou esprit de vin, être sujettes aux mêmes droits que lesdites eaux-de-vie ou esprit de vin, à l'exception des eaux fortes préparées pour les métaux.... [Du 28 mars 1758]. *Paris, imp Roy.,* 1758, in-4, 8 p.

393. — Arrest du Conseil d'Etat du Roi qui évoque au Conseil toutes les contestations pendantes en la Cour des Aides entre l'adjudicataire des fermes générales et les Orfèvres de Compiègne, etc. [Du 21 mai 1771]. *Paris, imp. Simon,* 1776, in-4, 4 p.

Bibl. de l'auteur.

394. — Arrêt du Conseil d'Etat du Roi, qui ordonne que dans la quinzaine, pour tout délai, tous les Maîtres de la nouvelle Communauté des Menuisiers, Ebénistes, Tourneurs, Layetiers, Tonneliers, Bourreliers, etc., de la Ville de Compiègne, seront assemblés par le Lieutenant de Police de ladite Ville, pour être procédé à l'élection des Synd.cs et Adjoints, conformément à l'Edit d'Avril 1777. [Du 20 mai 1778]. *Paris, imp. Royale,* 1778, in-4, 3 p.

Bibl. de M. du Lac.

395. — Arrêt du Conseil d'Etat qui ordonne qu'il sera établi à Compiègne un bureau pour la marque des toiles. *S. l. n. n.,* 1788, in-4, 4 p.

396. — Ville de Compiègne. Tarif des droits à percevoir pour la location des places sur les foires et marchés de la Ville de Compiègne, etc. 1809. Signé, le Préfet de l'Oise, Belderbasch. Le Maire de Compiègne, Dalmas. — *Compiègne, imp. G. Escuyer*, placard.

XXIII. — Histoire naturelle (1).

397. — Observations sur les environs de Compiègne, par de Lasson. *Mémoires de l'académie des Sciences*, 1771, p. 21 et 75.

398. — Alph. Marcel. — Une excursion botanique dans la forêt de Compiègne. — *Echo de l'Oise*, 22 juin 1861.

XXIV. — Agriculture, Horticulture.

399. — L'Agronôme praticien, journal de la Société d'agriculture de Compiègne. Publié depuis 1834 chez *Escuyer*, puis chez *Valliez*, in-8.

400. — Rapport sur les fumiers par M. le Dr Alibran lu à la Société d'agriculture de Compiègne, etc. — *Compiègne, imp. Escuyer*, 1847, gr. in-8, 48 p.

---

(1) Ajoutons aux indications de ce chapitre, que pour la botanique, on peut consulter à la ville de Compiègne les herbiers Léré et de Cayrol ; à la bibliothèque municipale, les albums et manuscrits de Léré renfermant de nombreux renseignements locaux ; le catalogue des plantes de l'Oise de M. Graves et le travail de M. Rodin en cours de publication dans les *Mémoires de la Société académique de Beauvais;* pour la géologie, le musée de Compiègne possède une riche collection de fossiles recueillis dans le pays par M. Octave Dupuis ; voir de plus les travaux de Graves et sa carte géologique de l'Oise en quatre feuilles.

401. — Cottret, de Tracy-le-Mont. — Moyens infaillibles pour empêcher la maladie des pommes de terre, pour obtenir tous les ans sans distinction une bonne récolte en cidre et en vins, etc. — *A Compiègne, chez Graux*, 1851, in-8, 12 p.

402. — Pétition au prince Louis-Napoléon, président de la République, dans l'intérêt de la conservation de nos institutions hippiques [19 juin 1852]. — *Compiègne, imp. J. Escuyer. S. d.*, in-4, pièce.

Publié par la Société d'agriculture de Compiègne.

403. — L'Abeille de l'Oise, organe des intérêts ruraux, propagateur des connaissances utiles et du progrès agricole, in-8, 1859 et ann. suivantes jusqu'en.... — *Compiègne, imp. Valliez*, in-8.

Dirigé par J. Perrette père.

404. — Bulletin de la Société d'horticulture de Compiègne. — *Compiègne, imp. F. Valliez*, 3 vol. in-8. Le 1er 1866-67 et 68 ; le 2e 1869 ; le 3e 1870 à 1873.

405. — Société d'horticulture de Compiègne. Règlement voté le 1er mars 1868 ; publié dans le bulletin de la Société de juillet 1868. — *Compiègne, F. Valliez*, 1868, in-8, 8 p.

XXV. — Médecine, Hygiène (1).

406. — Choléra-Morbus observé à Compiègne et spécialement à l'Hôtel-Dieu de cette ville. Compte-rendu par MM. Devivier et Villette, docteurs-médecins. — *Compiègne, imp. J. Escuyer*, 1832, in-8, 42 p.

(1) Nous ignorons si le mémoire suivant que nous voyons annoncé en 1847 a paru.
Mémoire sur l'épidémie de dyssenterie qui a régné aux environs de Compiègne, avec des vues nouvelles déduites de 177 observations, par M. le Dr Alibran.

407. — D' FRARY. — De la méthode révulsive cutanée dans le traitement du Choléra-Morbus épidémique, thèse présentée et soutenue à la Faculté de Médecine de Paris le 4 décembre 1834. — *Compiègne, 1849, typ. Vol*, in-4, 24 p.

> Cette thèse basée sur des observations faites lors du choléra de 1832, dans le canton de Ribécourt, a été réimprimée en 1849 avec une dédicace aux médecins du département de l'Oise par M. FRARY, alors membre du conseil général.

408. — Ministère de l'Agriculture et du Commerce. Comité consultatif d'hygiène publique. Instruction populaire sur la Suette [18 juin 1849]. — *Compiègne, imp. Vol*, in-8, 8 p.

409. — LE D' ALPH. RENDU. — Remarques sur l'épidémie de choléra de 1849. *Compiègne, imp. de J. Escuyer*, 1849, in-8, 25 p.

> Observations relatives à Compiègne et aux localités des environs.

410. — Opuscule chirurgical par le docteur V. de VILLEPIN, [avril 1850]. — *Compiègne, Graux libr.*, in-8, 72 p.

> L'auteur signale dans ce travail un certain nombre d'observations chirurgicales recueillies par lui à Compiègne.

411. — D' FOURRIER. — De l'emploi de l'alcool dans la fièvre typhoïde et dans le choléra infantile. — *Paris, Hennuyer*, 1873, in-8, 16 p. (Extrait du *Bulletin de thérapeutique médicale*).

> Cet opuscule renferme des observations faites pendant la guerre de 1870-71 à l'ambulance internationale de Compiègne. Nous trouvons aussi dans la même collection deux autres notes du D' Fourrier sur des opérations chirurgicales pratiquées à Compiègne, n°' des 15 août 1872 et 15 février 1873.

XXVI. — Mélanges historiques et littéraires.
Musée Vivenel.

412. — Compiègne et Antoine Vivenel, son bienfaiteur. 1825-1850. Extrait de l'*Echo de l'Oise* des 12 et 23 juillet 1850 (par Jarry de Mancy et Eugène Pelletan. — *Compiègne, imp. Vol*, in-8, 16 p.

413. — Lettre. Discussion sur la solidité des poutres du Musée de Compiègne, etc. Débat entre Pérint et Vivenel. Signé Pérint. — *Compiègne, Escuyer. S. d.*, in-4, 11 p.

414. — Description des antiquités et objets d'art du Musée de Compiègne, par Antoine Vivenel, fondateur et conservateur du Musée. *Compiègne, Hôtel-de-Ville*, 1861, in-8; Brochure de 32 pages sans nom d'imprimeur, comprenant seulement une préface, la réimpression de la lettre de M. Pelletan citée sous le n° précédent et les premiers numéros du catalogue.

415. — Ville de Compiègne. Catalogue du Musée Vivenel. *Compiègne, imp. Vallicz*, 1870, in-8 XXIV et 211 p.
Catalogue précédé d'une notice sur Vivenel par M. Leveaux, et rédigé par MM. Leveaux, Woillez et de Marsy (1).

416. — A. Demarsy. — Sur un tableau du Musée Vivenel. *Soc. Hist. de Comp.*, t. i, p. 339 à 342.
En réponse à un article de M. Amb. Firmin Didot, intitulé : un Tableau inconnu de Jean Cousin, publié dans la *Gazette des Beaux-Arts* du 1er décembre 1871, p. 457 à 465.

417. — Bernard l'Homme. — Description poétique de Compiègne en 1635.
Ouvrage que je ne connais pas et que je trouve seulement cité dans les mss. de Léré d'après Charmolue.

---

(1) Voir aussi un feuilleton d'Amédée Achard dans le *Progrès de l'Oise* du 7 nov. 1857.

418.— Relation remarquable, arrivée à Compiègne, envers un jeune enfant libertin, âgé de vingt ans, qui a voulu tuer sa mère, en jurant et blasphémant le saint nom de Dieu, pour avoir de l'argent ; et par permission de Dieu, pour le punir de ses jurements, le diable l'a emporté en présence de sa mère. Arrivé le 3 janvier 1717. *S. l. n. d.*, in-4, pièce.

BN Lk 7. 2192.

418 bis. — Cruel et sanglant Assassinant commis par une Fermière près Compiègne, condamnée par Sentence, confirmée par Arrest de la Tournelle à estre pendue et brulée et ses deux fils à estre rompu vif [15 juin 1731]. — *Imp. de L. Coignard*, in-4, une page.

419. — Relation du malheur arrivé près Compiègne, le 10 mars 1777. *S. n. n. l.*, in-4, 2 p. Permis d'imprimer signé DECROUY.

Il s'agit de gens noyés à Armancourt.

420. — Le chevreuil de Compiègne. Anecdote ancienne publiée par B. TEISSIER. — *Paris, Delaforest*, 1827, in-8, 38 pages (allégorie politique).

421. — CH. VIRBÈS DE MONTVAILLIER. — L'hiver, poème au profit des pauvres. *Compiègne, imp. Vol*, 1846, in-8, 20 p.

422. — CH. VIRBÈS DE MONTVAILLIER. — Appel à tous. La mendicité, strophes à l'occasion de son extinction dans le département de l'Oise. Au profit des pauvres.— *Compiègne, Vol*, 1846, in-8, 8 p.

423 — Compiègne. La forêt. A M. de Feletz, de l'Académie française. Signé Mme Fanny DENOIX.— *Beauvais, Moisand*, 1847.

Il y en a une seconde édition dont j'ignore la date et une troisième datée du 14 juillet 1850. —*Beauvais, imp. Desjardins.* S. d., in-8, 12 p.

424. — Souvenirs de Compiègne, par Romain Leroy, pièce de vers dans Mes Souvenirs. — *Amiens, Yvert imp.*, 1852, in-8, p. 56 à 68 (1).

425. — A Madame Adèle M. d'Orléans. Signé Alph. Marcel. — *Périgueux, imp. Taillefer*, 1857, in-8, 8 p. (Extrait de l'*Echo de Vésone*.)

Pièce de vers sur Compiègne et son histoire.

XXVII. — Archéologie, Numismatique (2).

426. — Z. Rendu. — Les anciens quartiers de Compiègne, ses vieux hôtels et leurs enseignes. — *Paris, imp. Imp.*, 1863, in-8. 16 p. (Ext. du recueil des *Mémoires lus à la Sorbonne* en 1861).

427. — L. Aubrelicque. — Rues, hôtels et quartiers anciens de Compiègne. (*Soc. Hist. de Comp.* t. i, p. 245 à 330).

Il existe de ce travail une seconde édition sous le même titre. — *Compiègne, imp. Edler*, 1873.

428. — Z. Rendu. — Les anciennes constructions en bois de Compiègne. (*La Picardie*, t. iii, 1857, p. 91.)

429. — Compiègne, Hôtel-de-Ville, par Verdier et Cattois. Dans l'*Architecture civile et domestique*, t. i, in-fol. (3).

---

(1) M. Romain Leroy avait été président du tribunal de Compiègne, avant d'occuper un siège de conseiller à la cour d'Amiens. Il a publié quelques études historiques et donné à la bibliothèque de Compiègne les manuscrits du président Poulletier, qui renferment des matériaux considérables pour l'histoire de notre ville et notamment des copies des manuscrits de D. Bertheau, de D. Michel Germain et de D. Bernard de Montfaucon, ainsi qu'un fragment étendu d'un cartulaire de Saint-Corneille

(2) Voir aussi les quatre premiers chapitres de ce travail et le n° 270.

(3) Voir sur la cloche de l'Hôtel-de-Ville, les travaux de MM. Woillez et de Montaiglon, *Revue des Sociétés savantes* 1871, et sur l'ancienne décoration de l'Hôtel de-Ville l'*Echo de l'Oise* du 24 mars 1874.

430. — Edm. de l'Hervilliers. — La tour de Jeanne-d'Arc en 1868. *La Picardie* t. xiv, 1868, p. 350 et 416. Voir aussi n° 19.

431. — Eglise des Minimes. Rapport de M. Dupont au ministre de l'intérieur, 1847. — *Bull. Soc. Antiq. Pic.*, t. iii, p. 116.

432. — Z. Rendu. — Essai sur les anciennes monnaies frappées à Compiègne. (*La Picardie*, t. ii, 1856, p. 320).

433. — J. du Lac. — Travail sur la Numismatique locale. *Comité archéologique de Noyon. Comptes-rendus*, t. i, p. 184.

Ce travail comprend l'indication des découvertes numismatiques effectuées dans le territoire de l'arrondissement de Compiègne ou plus exactement de Champlieu à Noyon.

434. — J. du Lac. — Note sur quelques médailles et jetons relatifs à la ville de Compiègne. (*Soc. Hist de Comp.* t. i, p. 141 à 149).

435. — A. de Roucy. — Notice sur deux cachets d'oculistes romains trouvés dans les environs de Compiègne. (*Soc. Hist. de Comp.*, t. i, p. 343 à 347).

XXVIII. — **Biographie** (1).

436. — Notice historique et littéraire sur le cardinal Pierre d'Ailly,.... par M. Arthur Dinaux. — *Cambrai, S. Berthoud*, 1824, in-8.
DN. Ln 27.171.

(1) Nous avons réuni ici non-seulement les notices consacrées à des Compiégnois de naissance, mais encore à quelques personnages qui, par leur famille ou leurs fonctions, peuvent être considérés comme véritablement Compiégnois. C'est, du reste, la pensée qui a également inspiré la Commission de Biographie locale formée au sein de la Société historique.

437. — L. Aubrelicque. — Le cardinal d'Ailly, étude biographique. *Soc. Hist. de Comp.*, t. I, p. 150 à 158.

438. — Auguste Galimard. — Les grands artistes contemporains. Aubry-Lecomte, 1797-1858. — *Paris, Dentu*, 1860, in-8, 24 p. *(Imp. Claye)*.

 Quoique né à Nice, Aubry-Lecomte a pu, à cause de son long séjour à Compiègne, être considéré comme un de nos compatriotes. Le Musée Vivenel possède plusieurs de ses dessins.
 M. Caillette de l'Hervilliers lui a aussi consacré un travail étendu dans sa publication n° 19, sous le titre d'Aubry-Lecomte et les origines de la lithographie.

439. — De Billy. — Elogium.... D. Jacobi Billii, Prunœi, abbatis Sancti Michaelis in eremo.... cum tumulo. Joanne Chatardo.... multisque doctiss. viris auctoribus.... *Parisiis P. L'Huillier*, 1582, in-4, pièce.

BN. Ln 27.1990.

440. — E. D. M. (E. de Marsy). — Notice biographique sur M. de Cayrol. — *Compiègne, imp. Valliez*, 1859, in-8, 13 p.

441. — Catalogue des livres, manuscrits et imprimés composant la bibliothèque du feu M. de Cayrol, ancien député, etc. [Avril 1861]. — *Paris, L. Potier, libraire*, 1861, in-8, IV et 320 p.

442. — Notice sur Dom Pierre Coustant, prêtre religieux de la Congrégation de Saint-Maur, par H. Coustant d'Yanville. — *Beauvais, Père*, 1868.

443. — H. Coustant d'Yanville. — Notice sur Dom Pierre Coustant, prêtre religieux bénédictin... Supplément, lettres. — *Beauvais, Desjardins*, 1864, in-8, 10 p.

444. — H. Coustant d'Yanville. — Notice sur Dom Pierre Coustant, prêtre religieux bénédictin. Deuxième supplément, lettres. — *Beauvais, Père*, 1868, in-8, 18 p.

 Ces trois notices sont extraites du *Bulletin de la Société académique de Beauvais*.

445. — Vie de G. de Gamaches, premier grand veneur de France, gouverneur de Compiègne. — *Paris,* 1786, in-4, portr. Extrait du Plutarque français.
   Bibl. de M. du Lac.

446. — De Crouy. — Notice sur Dom Gillisson. *Bull. de la Soc. des Antiq. de Picardie.* t. i, p. 304.
   D. Gillisson, né à Courboin, près Château-Thierry, a laissé de volumineux manuscrits sur l'histoire de Compiègne conservés à la bibliothèque nationale, mais dont il existe à la bibliothèque de Compiègne une copie et quelques fragments autographes.

447. Biographie d'Hersan, par l'abbé Radde. *Bulletin de la Commission archéologique du diocèse de Beauv.* t. ii, p. 32.

448. — Notice sur Marc-François Hersant, par M. de Cayrol. *Bull. Soc. Ant. Pic.* t. ii, p. 64.

449. — Souvenirs de garnison ou 40 ans de vie militaire par de Jouenne d'Esgrigny d'Herville, chef de bataillon en retraite. — *Paris, Dumaine,* 1872, in-12, ii, 544 p.
   Le commandant d'Herville appartenant à une famille compiégnoise raconte dans les cent premières pages de ce livre son enfance passée à Compiègne jusqu'en 1827.

450. — C. Méresse. — Note biographique sur Pierre Lagnier. *Soc. Hist. de Compiègne,* t. ii.

451. — Souvenirs d'une sainte femme ou notice sur Madame Levacher, dédiée à ses enfants par son mari, imprimeur du Roi à Compiègne. — *Compiègne Levacher. S. d.* [28 avril 1844], in-8, 62 p.

452. — Alphonse Leveaux. — Mague de Saint-Aubin. *Compiègne, imp. F. Valliez,* 1873, in-8, 13 p.
   Lecture faite à la Société historique de Compiègne. Réimprimé dans le t. ii du *Bull de la Soc. Hist. de Comp.*

453. — Dissertatio historico-theologica de vita et hœresi Roscelini, quam sub prœsidio Joh. Martini Chladenii, in Fride-

riciana Marchica die XXIII octobr. MDCCLVI, defendet auctor respondens J. Theod. Kunneth. — *Erlangœ. S. d.* in-4, pièce.

BN. l.n27. 17856

454. — Fr. Saulnier. — Roscelin, sa vie et ses doctrines. Etude biographique et historique. 2ᵉ édition, 1855, in-8.

455. — J. du Lac. — Roscelin de Compiègne. Notice biographique. *Soc. Hist. de Compiègne*, t. ii.

~~~~ Rose (sœur Sᵗᵉ) voir chapitre de l'hôpital Saint-Nicolas n° 274.

456. — De la Fons-Mélicocq. — Ancêtres du célèbre Seroux d'Agincourt. *La Picardie*, t. xii, 1866, p. 374 et 443.

 Bien que Seroux d'Agincourt soit né à Beauvais, sa famille ayant toujours habité Compiègne et ses environs, nous croyons devoir faire figurer ici les travaux biographiques relatifs au savant auteur de l'*Histoire de l'Art au moyen âge*.

457. — Gaspare Salvi. — Orazione necrologica alla memoria del Cavaliere Serioso d'Agincourt detta in una straordinaria adunanza del Accademia Tiberina. — *Roma, de Romanis*, 1815, in-8, 18 p.

458. — Notizie storiche del cav. G. B. Lod. Giorgio Seroux d'Agincourt, scritte da Gio. Gher. de Rossi. — *Venezia, typ. de Alvisopoli*, 1827, in-8.

BN. Ln 27. 18849.

459. — C. Méresse. — Les dernières années de la vie du chevalier Seroux d'Agincourt.

 Travail lu à la *Soc. Hist. de Compiègne* en 1873, et non encore imprimé. Il y a aussi une notice étendue sur Seroux d'Agincourt dans l'*histoire des plus célèbres amateurs italiens et français* de Dumesnil.

460. — Etats de service du Bᵒⁿ de Seroux, lieutenant général d'artillerie. Signé le Bᵒⁿ de Bicquilley. — *Compiègne, imp. de Escuyer*, 1846, in-8, pièce.

461. — Vie de l'Hermite de Compiègne (René Va), décédé le 18 septembre 1691. — *Paris*, 1692, in-12.

462. — La vie de l'Hermite de Compiègne, modèle de piété dans la vie solitaire, par Buffier. — *Paris*, 1787, in-8.

463. — L'Hermite du Mont-Saint-Mard par Edm. Caillette de l'Hervilliers. *La Picardie* et n° 19.

~~~ Vivenel. Voir les notices de MM. Leveaux, Pelletan et Jarry de Mancy, à l'article consacré au Musée Vivenel, et le catalogue de sa bibliothèque, n°s 479 et 480.

464. — A. Demarsy. — Notice sur M. Woillez, président de la Société historique de Compiègne. *Soc. Hist. de Comp.* t. i, p. 239, 244.

465. — J. Garnier. — Notice sur Pierre-Joseph-Emmanuel Woillez [1799-1871]. — *Amiens, Glorieux*, 1872, in-8, 15 p. Extrait du *Bullet. de la Soc. des Antiq. de Picardie.*

XXIX. — Bibliographie (1).

466. — Catalogue des livres de la bibliothèque de feu Monsieur Hatté, médecin à Compiègne, dont la vente se fera le lundi 24 février 1806. — *Compiègne, Escuyer*, 1806, in-8, 110 p.

467. Catalogue des livres qui composent la bibliothèque de G. Cardon, libraire, rue des Bonnetiers n° 123 bis, près la place au Blé à Compiègne. *Compiègne, imp. J. Escuyer*, 1828, in-8, 63 p. (Cabinet de lecture).

468. — Catalogue des livres qui composent la bibliothèque de Dubois, libraire à Compiègne. — *Compiègne, J. Escuyer*, 1841, in-8, 100 p. (Cabinet de lecture).

(1) Voir aussi pour la bibliographie des manuscrits le travail de M. Cocheris n° 25.

469. — Catalogue de la bibliothèque de M. A. Vivenel, architecte. — *Paris, L. Téchener*, 1844, in-8.

480. — Notice bibliographique sur la bibliothèque de M. Vivenel.... par M. ALKAN aîné. — *Paris, H. Fournier*, 1845, 16 p. Extrait du *Journal des Artistes*.

Une partie importante de cette bibliothèque est aujourd'hu à la bibliothèque de la ville de Compiègne : Voir ci-dessus n° 412 et suiv.

481. — Catalogue des livres qui composent la bibliothèque de Charles Hideux, libraire, place de l'Hôtel-de-Ville à Compiègne. — *Compiègne, imp. Vol*, 1850, in-8, 71 p. (Cabinet de lecture).

482. — A. DEMARSY. — Projet de bibliographie Compiégnoise. Communication faite à la Société historique de Compiègne, dans sa séance du 24 novembre 1868. — *Arras, Rousseau-Leroy*, 1869, 7 p. gr. in-8.

Reproduit comme introduction de ce travail.

XXX. — Journaux (1).

473. — Affiches de Compiègne et du Beauvaisis, n° 8, 24 février 1788], in-4 de quatre pages, imprimé chez *Bertrand*.

Ce journal hebdomadaire paraissait déjà en 1786 chez Bertrand sous le nom d'Affiches du Beauvaisis, l'abonnement coûtait neuf livres par an. L'exemplaire de la bibliothèque de la ville de Compiègne est comp'et pour l'année 1788. On trouvait dans chaque numéro : les biens à vendre, une histoire amoureuse ou touchante, des pièces de vers, charades et logogriphes, le

---

(1) M. Francis de Roucy a publié dans le tome II du *Bulletin de la Société historique* une notice sur les journaux de Compiègne à laquelle nous renvoyons pour tous les détails relatifs aux journaux Compiégnois. Ajoutons y seulement l'indication des Mercures que nous avons donnée sous le n° 57.

tarif de la viande, les hypothèques et autres avis, les numéros de la loterie, la hauteur de la rivière d'Oise au pont de Compiègne, et quelquefois des biographies et des renseignements historiques sur le pays.

474. — Avis, annonces et avis divers pour les villes de Senlis, Compiègne, etc. Journal paraissant à Senlis les 8 et 22 de chaque mois à partir du mardi (22 novembre 1786). Sous la direction de M. l'abbé Varnau, grand chantre et chanoine de Senlis, imprimé chez *Des Rocques, à Senlis*.

Voir sur cette feuille : Le Journalisme à Senlis, à la fin du XVIII° siècle, par M. R. DE MARICOURT. *Comité archéolog. de Senlis*, t 1er, p. 41 et suiv.

475. — Le Bulletin d'annonces judiciaires et autres de l'arrondissement de Compiègne, rédigé et imprimé par *G. Escuyer*, hebdomadaire, in-4 de 4 à 8 pages.

Du 3 août 1819 au 13 février 1838, 930 numéros.

476. — Le Nouvelliste; bi-hebdomadaire, publié par J. ESCUYER.

Ce journal remplaça en 1838 le Bulletin d'annonces, et céda à son tour la place le 12 février 1840 au journal

477. — Le Progrès, revue hebdomadaire de l'Oise, rédigé par Al. DECAMPS et imprimé par *Escuyer*.

Dans ce journal se fondit la *Revue de l'Oise* qui dirigée par Decamps avait été imprimée successivement à Paris, à Senlis et à Compiègne en livraisons mensuelles de format in-8, dont la collection est aujourd'hui fort difficile à réunir.
Le *Progrès* a continué sa publication dans les mains de différents imprimeurs qui ont succédé à J. Escuyer, M. François, d'abord, puis MM. François et Valliez et depuis 1855, M. Valliez seul. Il est aujourd'hui bi-hebdomadaire.

478. — Le Lithographe. Journal lithographié publié chez *Levacher* en 1837.

Levacher ayant, en 1838 obtenu le brevet d'imprimeur qu'il sollicitait, ce journal fut transformé et prit le nom de

479. — L'Écho de l'Oise.

D'abord hebdomadaire, il fut imprimé et dirigé jusqu'en 1845 par Levacher, puis par M. Louis Vol de Conantray.

En 1848, il devint bi-hebdomadaire et son format atteignit par suite de plusieurs modifications les dimensions qu'il a actuellement.

En 1864, M. Jules Delhaye succéda à M. Vol de Conantray, et le 1er avril 1872, il céda le journal l'*Echo* avec son imprimerie à M. V. Edler, son propriétaire actuel.

480. — La Gazette des Paysans, journal hebdomadaire. Moyen format.

Fondé le 14 décembre 1871, à l'imprimerie Delhaye. Dirigé aujourd'hui par M. d'Heilly.

481. — Le Journal des Fabricants de sucre, hebdomadaire. Grand format.

Fondé en 1860, par M. Dureau, imprimerie Valliez.

482. — La Sucrerie indigène, revue bi-mensuelle, in-8, dirigée par M. H. Tardieu.

Fondée en 1866 à Valenciennes et imprimée à Compiègne chez V. Edler depuis 1869.

XXXI. — **Almanachs et Annuaires** (1).

483. — L'Almanach historique de Compiègne pour 1788. — *Compiègne, Bertrand*, in-24.

484. — Lettre à l'auteur de l'Almanach de Compiègne, signée J.C.C.R. de Compiègne. *Affiches du Beauvaisis* du 17 février 1788.

Pièce curieuse de près de cinq colonnes indiquant tout ce que l'on aurait pu ajouter de renseignements historiques à l'almanach de 1788.

485. — L'ancien almanach de Compiègne par Z. Rendu. — *Progrès de l'Oise* [21 septembre 1861].

A propos de l'almanach de 1788, imprimé chez *Bertrand*.

(1) Voir aussi le n° 1.

486. — L'Almanach historique de Compiègne pour 1789. — *Compiègne, Bertrand*, in-12, 164 p. plus la table.

487. — Annuaire commercial, industriel, administratif de l'arrondissement de Compiègne pour 1862, par Ferdinand Valliez, rédacteur et propriétaire-gérant du *Progrès de l'Oise*. — *Compiègne, Imp. Valliez*, in-12, 220 p.

Donné en prime aux abonnés du journal *le Progrès de l'Oise*.

487 bis. — Annuaire du *Progrès de l'Oise* pour l'arrondissement de Compiègne ; année 1869. — *Compiègne, imp. Valliez*, in-12 carré, 291 p.

488. — Le Compiégnois, almanach de Compiègne et du département de l'Oise pour 1865. — *Compiègne, J. Delhaye*, in-12, 164 p. (1ʳᵉ année).

Prime du journal *l'Echo de l'Oise*. A été continué en 1866 et 1867.

XXXII. — Forêt de Compiègne.

ADMINISTRATION, EXPLOITATION DES BOIS ET CHASSE

489. — Etat de la forêt de Cuise, dite de Compiègne, avec les carrefours qui sont dans ladite forêt... avec les noms des routes qui tombent dans lesdits carrefours,... le tout marqué par la carte ci-jointe. — *Paris, imp. de J. Collombat*, 1736, in-8, pièce.

A. 1739. *Même imprimerie*. In-8.
B. 1747. *J. F. Collombat*. In-8.
C. 1749.   Id.   Id.
D. 1750.   Id.   Id.
E. 1753.   Id.   Id. av. carte gravée par Matis.
F. 1757.   Id.   Id.
G. 1763.   Id.   Id. 31 p.
H. 1764. *chez Hérissant*, in-8.

490 (1). Description de la forêt de Compiègne, comme elle étit en 1765, avec le guide de la forêt, par Louis-Auguste DAUPHIN (Louis XVI). *Paris, imp. de Lottin l'aîné, impr. de M. le Dauphin*, 1766, pet. in-8 avec la carte de la forêt.

> Cet opuscule qui est indiqué dans le catalogue de M. de Cayrol qui possédait l'exemplaire de Pixerécourt, n'a été tiré qu'à trente-six exemplaires. Il comprend 58 et IV pages, d'une jolie impression encadrée d'un double filet.
> BN Lk7.2195.

491. — C. DE l'HERVILLIERS. — Des droits d'usage dans la forêt de Compiègne. — *La Picardie*, t. IX, 1863, et n° 19.

492. — Arrest du Conseil d'Estat du Roy qui fait défense aux habitants des Villes, Bourgs, Villages et Hameaux riverains de la Forest de Cuise, vulgairement dite de Compiègne, d'y prendre aucuns bois sous tel prétexte que ce puisse estre. Du 16 avril 1726. — *Paris, imp. Roy*, 1726, in-4°, 3 p.

493. — Arrest du Conseil d'Estat du Roy, qui sans s'arrester à un Arrest de défenses du Parlement de Paris rendu après les délais fixés par l'Ordonnance de 1669 et l'Edit de 1716, ordonne l'exécution d'une Sentence de la Maîtrise de Compiègne, et fait défense aux Procureurs, à peine de 500 livres d'amende de signer ni présenter aucunes requêtes aux Parlemens et aux Tables de Marbre pour y faire recevoir les appellations des jugemens des grands maîtres, etc. Du 17 septembre 1726. — *A Paris, chez P. Prault imp.*, 1742, in-4, 4 p.

---

(1) Rapprocher de ces deux publications destinées principalement à guider les chasseurs dans leurs courses à travers la forêt, la première édition du n° 3. Cette première édition que nous avons pu consulter depuis l'impression du commencement de ce travail, ne comprend que 86 pages, dont près de la moitié concerne la forêt. On n'y trouve ni la dissertation sur Jeanne-d'Arc, ni le plan de la restauration du palais, ni le projet pour amener les eaux de Clairoix à Compiègne.

494. — Lettres patentes concernant la forest de Compiègne données à Versailles le 6 juillet 1726. — *Paris, imp. P. Simon*, 1726, in-4, 4 p.

495. — Sentence d'une commission extraordinaire nommée pour connaître des délits commis dans la forêt de Compiègne, lors de la percée des routes en 1732, in-fol. 19 p.

496. — Lettres patentes qui ordonnent la vente de 400 arpens de bois de la Forêt de Compiègne, pour tenir lieu de ventes ordinaires de l'année 1733, données à Marly le 2 septembre 1732. — *Paris, P. Simon, imp.*, 1733, in-4, 4 p.

477. — Edit du Roi portant suppression de l'office de Maître particulier des Eaux et Forêts de la Maîtrise de Cuise établie à Compiègne, donné à Fontainebleau au mois de n° 1749. — *Paris, Simon*, 1750, in-4, 3 p.

498 (1). — Arrest du Conseil d'Estat du Roy qui fixe les limites de la capitainerie de Compiègne, du 28 octobre 1740. — *Paris, imp. Roy*, 1741, in-4, 4 p.

499. — De par le Roi. Règlement de chasse pour la forêt de Compiègne par Guy-André-Pierre de LAVAL duc de LAVAL, lieutenant-général des armées.... faisant les fonctions de gouverneur et capitaine des chasses de Compiègne jusqu'à la majorité de Monsieur le vicomte de Laval, suivant les intentions du Roi. — *Bertrand, imprimeur, placard*.

Non daté, à afficher de temps en temps.

500. — De par le Roi. — *Compiègne, imp. L. Bertrand*, placard.

Pour l'apposition d'épines dans les terres situées dans l'étendue des plaisirs du Roi. Ordonnance non datée du duc de Laval, destinée à être renouvelée chaque année.

(1) Voir aussi sur la police de la forêt le n° 2'6.

501. — Ordonnance concernant la police de la forêt de Compiègne du 7 février 1786. — *Compiègne, Bertrand,* placard.
<blockquote>Au nom de L. C. F. Desjobert, grand maître des eaux et forêts au dép. de l'Isle-de-France.</blockquote>

502. — Arrêté de l'administration provisoire de la forêt de Compiègne qui enjoint à tous citoyens de respecter les bois chablis répandus dans la forêt de Compiègne devenus propriété de la personne de l'adjudicataire à peine contre ceux qui oseraient y porter atteinte en façonnant et important des bois provenans desdits Chablis, d'être arrêtés sur le champ et poursuivis extraordinairement [du 23 fructidor an 2]. — *De l'imprimerie de Compiègne,* placard.

503. — Factum pour Margueritte le Caron ès noms qu'elle procede, appelante et demanderesse en lettres Royaux, contre Florence Bugnic veufve et consors héritiers de Gilles Poulletier intimez et deffendeurs. S. l. n. d., in-4, 3 p.
<blockquote>Au sujet de l'association par Jean Charmolue et Gilles Poulletier pour l'exploitation des bois de la forêt de Compiègne en la Garde Boudrelot. Vers 1604.</blockquote>

504. — Deffences et solutions des Gouverneurs de Compiègne. *S. l. n. d.* placard.
<blockquote>Au sujet du procès de la ville contre Jean Charmolue et ses héritiers.</blockquote>

505. — Arrest du Conseil d'Estat du dixiesme Aoust 1686, qui ordonne que le Recouvrement de la somme de Six cens cinquante livres, à laquelle a esté modérée par Arrest du vingt-six Septembre 1685, l'amende prononcée contre des Marchands de Bois, en la Maitrise de Compiègne le vingt-huit juin 1684, sera fait par le fermier du Domaine, etc. — *Paris, Prault père, imp.,* 1752, in-4, 4 p.

506. — Essai sur l'aménagement des forêts par M. PANNELIER D'ANNEL, présenté au roi. — *Paris, chez G. Desprez.* M.DCC.LXXVIII, in-8, 27 p. et tableau.

L'auteur rend compte des résultats obtenus par lui dans la forêt de Compiègne. Les plantations Pannelier sont encore connues et appréciées de nos jours.

507. — Examen de l'essai sur l'aménagement des forêts de M. Pannelier d'Annel, par M. DE SESSEVALLE, maître des eaux et forêts de Clermont en Beauvaisis. — *Paris, Lottin aîné*, 1779, in-8, 45 p.

508. — Exploitation des forêts de Compiègne et de Fontainebleau. Signé A. D. (DECAMPS,) *Revue de l'Oise*, 3ᵉ année 1843. — *Paris, imp. Lacour.*

509. — Livraison des bois de la forêt de Compiègne pour le chemin de fer de Rouen. Signé UN BUCHERON, même volume, p. 77.

510. — Forêts de la Couronne. Inspection de Compiègne. *S. d. n. l.*, in-8, 2 p.

Procès-verbal d'examen des bois injectés par le procédé du docteur Boucherie, le 22 mars 1846.

511. — Réglement pour l'usage de la chasse dans la forêt de Laigue. *Compiègne, imp. Vol*, 1848, in-8, 11 p.

Entre les sociétaires-fermiers et co-fermiers, suivant location du 19 août 1848.

HISTOIRE (1).

512. (2) — F. DE SAULCY. — La forêt de Cuise et les environs de Compiègne pendant la campagne de Jules César. Introduction à l'Histoire du palais de Compiègne de M. PELLASSY DE L'OUSLE, voir n° 44. Reproduit dans le 1ᵉʳ volume des

---

(1) Je réserve les indications relatives à l'histoire et à la description des différentes communes et des lieux habités de la forêt pour le travail que je me propose de faire sur la bibliographie de l'arrondissement de Compiègne.

(2) Nous laissons de côté les différents travaux relatifs à la campagne des Bellovaques et qui ont un caractère général comme ceux de MM. Peigné-Delacourt, de Grattier, Bécu, Devic, de Cayrol, Rose, etc.

Campagnes de Jules César dans les Gaules. — *Paris, Didier,* in-8, 1862.

Voir au sujet de cette publication : 1° Un article critique signé Z. (Mazière), inséré dans le *Progrès de l'Oise* du 25 février 1862 ; 2° M. Z. et Saint-Pierre-en-Chastres, signé M. (Milon ?). *Compiègne. Vol* in-8, 12 p. (Extrait de l'*Echo* du 21 février 1862).

Les articles relatifs à cette question ont été réunis en une brochure in-8.

513. — Ed. de l'Hervilliers. — César dans la forêt de Compiègne. *La Picardie*, t. xiii, 1867, p. 193 et 268, et n° 19.

514. — Souvenirs de la forêt de Compiègne, dessinés par Drulin, *Graux, éditeur*, in-8.

Deux séries lithographiées de huit vues.

515. — Pierrefonds ancien et moderne, par Victor Tremblay. *Beauvais, Em. Tremblay, libr. — Senlis, imp. Régnier*, 1853, in-8, 60 p.

Cette brochure est formée d'une réunion de feuilletons publiés dans le *Journal de Senlis* ; les dix dernières pages renferment une description des monuments les plus remarquables des environs de Pierrefonds.

A. 2° édition.

B. 3° édition, avec vue gravée. *Paris, librairie nouvelle (Beauvais, imp. Moisand.)*

516. — Pierrefonds, Saint-Jean-aux-Bois, la Folie, Saint-Pierre-en-Chastres. Souvenirs historiques et archéologiques de la forêt de Compiègne, par Edm. Caillette de l'Hervilliers. — *Paris, Poulain, libr. S. d.*, gr. in-8, 88 p.

517. — Excursion dans la forêt de Compiègne, par M. de Laprairie. *Soc. archéologique de Soissons*, t. xvii, p. 58 à 62, 1863.

518. — Plessier. — La pierre Torniche, ou pierre-qui-tourne du Mont-Saint-Mard. *Soc. Hist. de Comp.* t. i, p. 82 à 99 et 3 pl.

519. — DE CAYROL. — Conjectures sur une habitation qui était située au midi de la vallée de Pierrefonds, vers les confins de la forêt de Compiègne, et près de la voie romaine de Senlis à Soissons. — *Amiens, Duval et Hermant*, 1845, in-8, 52 p. Extr. du t. VIII des *Mémoires de la Société des Antiquaires de Picardie*.

520. — AD. DE LONGPÉRIER. — La ville antique du Mont-Berny, près Pierrefonds, son nom présumé. Communication à l'Académie des Inscriptions en septembre 1864. V. *Revue archéologique* et *Echo de l'Oise*, 7 septembre 1864.

521. — Une Histoire du temps passé. A mon ami Alexandre Gaume. — *Plancy, Collin, imp*. gr. in-8, 4 p.

    Signé EDMOND C. DE L'H. (CAILLETTE DE L'HERVILLIERS). Extrait du *Magasin catholique illustré*.

    C'est l'histoire de l'assassinat de l'ermite de la Croix-du-Saint-Signe, par Véron.

522. — C. DE L'HERVILLIERS. — Oudin Véron et la Croix-de Saint-Signe en 1609. *La Picardie*, t. IX, 1863, p. 145 et 204.

    Voir aussi n° 19.

523. — C. DE L'HERVILLIERS. — L'Hermite du Mont-Saint-Mard.

    Voir plus haut n° 463.

524. — Essai sur la Calomnie, par le Frère JEAN HERMITE DE LA FORET DE COMPIÈGNE. — *A Bruxelles*, 1786, in-8, 16 p.

    Pièce de vers sans importance avec pour épigraphe « *Parcere personis, dicere de vitiis.* »

525. — JULES LABITTE, de Compiègne. — La Forêt de Compiègne. — *Paris, chez Douniol*. S. d., 1868, in-8, 42 p. imp. P. Dupont.

    Recueil poétique.

www.ingramcontent.com/pod-product-compliance
Lightning Source LLC
Chambersburg PA
CBHW070532100426
42743CB00010B/2059